# DE AQUÍ Y DE ALLÁ

Mimi Rosenfeld

Copyright © 2020 Miriam Rosenfeld

Todos los derechos reservados.

ISBN:978-0-578-76406-1

## AGRADECIMIENTOS

Quiero agradecer a mi Amante Cósmico por prestarme vida y ser su instrumento para la realización de este libro. También quiero agradecer a mis dos hijos y a mi hermano, tres almas maravillosas que nos juntamos para vivir esta aventura que se llama vida. Sin el apoyo de ellos este libro no existiría. De igual manera agradezco a mis estudiantes y a mis ahijados espirituales.

Nota de portada: fotógrafo Alejandro Rosenfeld, maquillaje Rosabella Villafaña, en portada: Mimi Rosenfeld

# CONTENIDO

| | | |
|---|---|---|
| 1 | Prologo | pag.9 |
| 2 | Que es Kabbalah | pág.11 |
| 3 | Porque la Kabbalah | pág.13 |
| 4 | Nos vamos de viaje | pág.15 |
| 5 | Mi amante cósmico | pág.17 |
| 6 | ¿Has notado que no sacas los pies del plato? | pág.20 |
| 7 | El poder de la palabra | pág.23 |
| 8 | Las vacas gordas y las vacas flacas | pág.25 |
| 9 | Conversaciones con mi amante cósmico | pág.27 |
| 10 | Hoy una amiga perdió a su padre | pág.29 |
| 11 | La bondad en mí | pág.31 |
| 12 | Anoche buscando algo que no me diera estrés | pag.33 |
| 13 | Nuestra propia odisea | pag.36 |
| 14 | ¿Sabes la historia de los perros? | pag.40 |
| 15 | ¿Sabes que día es hoy? | pag.42 |
| 16 | ¿Qué es el Shabbat? | pag.44 |
| 17 | ¿Qué tenemos que arreglar? | pag.48 |
| 18 | ¡Qué hermoso es nuestro tiempo! | pag.51 |

| | | |
|---|---|---|
| 19 | Y seguimos en cuarentena… | pag.54 |
| 20 | ¡Qué rico es viajar! | pag.58 |
| 21 | Hoy, sentada en mi balcón | pag.61 |
| 22 | ¿Cómo te sientes? | pag.63 |
| 23 | La gran guerra: el miedo versus el amor | pag.65 |
| 24 | Bienvenido al clan | pag.68 |
| 25 | ¿Cuál de todos es mi disfraz? | pag.71 |
| 26 | Perdona, ¿quién, yo? | pag.75 |
| 27 | Pero, por qué me hizo esto... ¡No lo entiendo! | pag.77 |
| 28 | ¡Qué mala suerte tengo en el amor! | pag.79 |
| 29 | ¡Qué muchas películas hemos visto! | pag.82 |
| 30 | "Mamá, búscate un novio". | pag.85 |
| 31 | ¿Qué pasa que no consigo trabajo? | pag.88 |
| 32 | El día en que el ruido murió | pag.92 |
| 33 | Tú, ¿te quieres ir por ahí? | pag.94 |
| 34 | Y tu autoestima, ¿cómo está? | pag.97 |
| 35 | ¡Qué hijo de su madre! | pag.100 |
| 36 | Un negro y un blanco: el racismo de siempre | pag.105 |
| 37 | Clase Senior 2020 | pag.107 |
| 38 | No voy a lavar calzoncillos | pag.109 |

| | | |
|---|---|---|
| 39 | El mejor amigo del ser humano | pag.112 |
| 40 | El día que a la humanidad le taparon la boca | pag.114 |
| 41 | ¡Cuánto dinero tienen! | pag.117 |
| 42 | Ama al prójimo como a ti mismo | pag.119 |
| 43 | Simple, solo aprecia | pag.123 |
| 44 | ¡Ay bendito, qué complicado es todo! | pag.126 |
| 45 | Pero, ¡qué obsesión! | pag.129 |
| 46 | El mal de ojo sí existe | pag.131 |
| 47 | El milagro del Covid-19 | pag.134 |
| 48 | ¡Wepa, me caso! ¡Hay boda! | pag.136 |
| 49 | Separado, divorciado, viudo | pag.139 |
| 50 | Kabbalah para mí | pag.145 |
| 51 | Conclusión | pag.148 |

## *Prologo*

*De aquí y de allá* presenta un sin número de vivencias personales, algunas de ellas enmarcadas en momentos históricos de nuestro diario vivir.

"Muchas veces la vida se nos presenta como un continuo hacer en nuestra existencia cotidiana. A simple vista parecería que no existe nada más, que solo existimos para pagar la casa, las utilidades, el Internet, el vehículo en el que nos movemos, amén de la interminable lista de labores que parece no tener fin. Y nos preguntamos: ¿A dónde me lleva todo esto? ¿Acaso esto es todo lo que existe? ¿Estamos destinados a solo tener segundos de felicidad? Y la paz, ¿se puede lograr? En un mundo en el que parecería que la población está contra todos, ¿existe la paz?".

Pretendemos mostrar cómo la Kabbalah es una sabiduría que se aplica a nuestro diario vivir. De hecho, solo existe si la aplicas a tu vida en todos sus aspectos.

La rutina de vida que llevamos, ¿es correcta?, ¿me trae alegría?

Vivimos en un mundo que tiene reglas. Pero también descubriremos que coexistimos bajo un cielo que tiene las suyas. Como veremos más adelante, es importante conocerlas ya que nos muestran una manera muy diferente de ver la vida.

Me resulta gracioso que las personas que me conocen dicen que siempre veo las cosas como nadie más las ve. ¡No es cierto! En realidad, las veo igual que todos aquellos que han sabido entrar y profundizar en esta sabiduría hasta convertirla en su estilo de vida.
Llevamos milenios viviendo de una manera predeterminada por nuestro ego y por nuestros cinco sentidos. Esta forma de

vivir que cada vez cobra más fuerza nos está demostrando que es la manera equivocada. Nos lleva a la enfermedad, a la muerte (no solo física, sino también la de proyectos y de relaciones), a la desunión, a guerras y a conflictos en el hogar y en el trabajo. En fin, a vivir como zombis, muertos en vida.

Y lo triste es que podemos pasar toda una vida de esta forma, sin darnos cuenta del desastre que tenemos. De hecho, hasta podemos jurar que somos realmente exitosos porque tenemos un trabajo magnífico y una gran casa. Sin embargo, no tenemos alegría ni paz. Pensamos:" Claro, es que no todo se puede tener", y nos conformamos con esa excusa.

Te cuento, somos oriundos de otro planeta llamado el "Jardín del Edén". Ahí teníamos otro cuerpo. En ese planeta luminoso y hermoso teníamos absolutamente todo lo que deseábamos. De hecho, Dios nos hizo para poder dárnoslo todo. Entonces, si trabajo para tener todo lo que deseo, ¿por qué no lo logro?

Te invito a que entres a mis "ojos" y descubras una nueva manera de mirar el mundo, de mirar la vida, nuestra vida.

## *¿Qué es la Kabbalah?*

¿Qué te parece si empezamos por decir lo que NO es la Kabbalah? No es una filosofía, pues que no es un "conjunto de reflexiones" (como dice el diccionario). Lo que la Kabbalah enseña ya está analizado, vivido y comprobado. Es un conocimiento, no una reflexión.

No es una religión. Puedes pertenecer a cualquier denominación y encontrarás que el conocimiento de la Kabbalah hace más rico cualquier entendimiento religioso que hasta ahora tengas.

No busca aislamiento. La Kabbalah se vive dentro de la sociedad en la que te encuentras.

No discrimina por motivos de raza ni de credo. Toda persona que tenga preguntas, la Kabbalah se las responde.

No es ostentosa. Sus sabios y maestros son personas que vivieron y viven en un dar y compartir exaltado hacia su prójimo en humildad. Esto es en conocimiento de que todo viene de la energía divina y así mismo tratan a cada persona que entra en su camino.

No es superflua. Detrás de cada conocimiento que vemos como "sencillo" realmente hubo grandes sabios que a través de miles de horas de estudio y aprendizaje decodificaron todo lo que ahora nosotros aprendemos.

No es de este mundo. Fue dada por Dios en el Monte Sinaí a Moisés y son los secretos del cielo, que nos enseñan a cómo vivir correctamente en el plano físico.

No apareció hace poco. De hecho, es una sabiduría milenaria que viene desde los tiempos de Abraham, el patriarca y el primero en ser monoteísta, proselitista y astrólogo. Él escribió el *Sefer Yetzira* (el *Libro de la Formación*), en el que se explican toda la astrología como hoy día la conocemos y la energía de las letras hebreas.

No te vuelve loco. La Kabbalah ha sido desacreditada durante milenios porque fue considerada para unos pocos hasta finales del siglo 20. Es ahí cuando surge el permiso para enseñarla a todo aquel que desee escucharla. Te invito a que busques si ves algún kabalista en un asilo de locos. ¡No lo vas a encontrar!

No es solo para el judío. Fue dada por el cielo para toda la humanidad. Los judíos han sido los custodios de esta sabiduría, la cual está intacta y perfecta. Han sido ellos quienes han tenido la inspiración divina para decodificar muchos de sus secretos, los cuales estudiamos actualmente.

# DE AQUÍ Y DE ALLÁ

## *¿Porque la Kabbalah?*

Debemos empezar por entender que *kabbalah* significa "recibir". ¿Qué recibimos? Entendimiento y conocimiento. Esto, junto a lo que suma al gran regalo de la sabiduría aprendemos:
- Cómo, dónde y por qué fuimos creados.
- Las reglas del universo
- Las reglas de nuestro mundo
- Dónde se ubican las bendiciones
- Cómo bajar las bendiciones a nuestro mundo
- Cómo el Árbol de la vida trabaja en nosotros
- Cómo el Árbol del conocimiento del bien y el mal trabaja en nosotros.
- Cómo lograr bajar y hasta eliminar el caos en nuestras vidas
- Cómo lograr la felicidad y alegría verdaderas
- Conocer a Dios
- Ser uno con Dios
- Lograr el amor altruista

Estoy segura de que notarás que son muchos regalos. Desde mi punto de vista, ya llevamos demasiados milenios tratando de resolver nuestros problemas desde nuestro mundo material. No nos damos cuenta de que en realidad se resuelven en la invisibilidad de los mundos superiores. Cuando comenzamos a trabajar el mundo superior, nos empezamos a dar cuenta de que todo este tiempo estuvimos esforzándonos por el camino más duro y de sufrimiento.

La Kabbalah estudia la codificación de todas las historias que vemos en la *Tora* (también lo conocemos como *Antiguo Testamento* o *Pentateuco*). De ninguna forma estas historias se pueden tomar de manera literal ya que resultaría tonto y vacío. Sin embargo, cuando comenzamos a conocer los significados ocultos, la historia cobra un sentido perfecto.

¿Qué te digo? En verdad es una sabiduría en la que debes de entrar sumergiéndote completamente. Le digo a mis estudiantes:" No naden como los perritos, con la cabeza por fuera. Eso nos cansa y no nos lleva lejos. ¡Sumerge tu cabeza en el agua! Tu cabeza es la que tiene que estar sumergida en la sabiduría. Así no se cansan, sino que entran en la energía de lo infinito".

¿El truco? Muchos estudiantes entran y se salen porque hay algo muy duro de lo que se dan cuenta inmediatamente: cada uno es totalmente responsable de su vida, tan sencillo como eso. Esta primera verdad a muchos se les hace insoportable de comprender. Entonces, *el truco es aprender sin prisa, pero sin pausa.* La misma sabiduría te llevará a la comprensión y te dará los ojos para ver la nueva realidad, el corazón blandito para amar en verdad y la cabeza para conectar con Dios.

## *Y nos vamos de viaje...*

"El hombre que no se consagra al estudio del *Zohar* y a tener buenas acciones, no heredará el Mundo Futuro".
- Secreto del *Zohar*, sección *Shemot*)

Es nuestro deseo que lo que aquí exponemos sirva como ejemplo para tu vida.
Observa esto: Hoy día vivimos como si estuviéramos dentro de una cueva totalmente oscura. Nuestros ojos se adaptan y aprendemos a vivir dentro de esa circunstancia.
Nos apegamos a religiones, a filosofías y a sabidurías que nos dejan saber que después de vivir en el sufrimiento de esta vida vamos a un "paraíso". Sin embargo, como nos muestra la mayoría de las religiones y todas las sabidurías, en lugar de entrar al paraíso regresamos una y otra vez a la vida por el karma o *tikun* que tenemos.
Entonces, ¿qué pasó con el paraíso? Es obvio que no pudimos entrar. ¿Por qué? Porque nos faltaron dos cosas esenciales: el estudio de los secretos del cielo, que es el estudio de la Kabbalah y su libro el *Zohar*, en el que está gran parte de la decodificación de la *Tora*. Lo segundo que nos faltó fueron las buenas acciones hacia los demás. Muchas veces vivimos concentrándonos solo en nosotros. Puede ser que me digas: "Pero, Mimi, yo no le hago daño a nadie. Ni siquiera mato a una mosca". Yo te responderé: "Ok, pero eso no es hacer el bien".

Rav. Isaac Luria (conocido por el *Arizal*) nos enseñó que el bien solo se da cuando se hace por alguien más. Entonces, no hacer daño a nadie no es suficiente, porque aquí solo muestras que vives en automático. Lo importante es existir para tus semejantes en acciones de bien. La esencia radica tanto en la acción como en la palabra.

Ahora te propongo que te esfuerces en no volver a reencarnar y en hacer todo para lograr tu corrección en esta vida. Créeme, se puede lograr. De hecho, cuando Dios ve que estás en esas, ÉL conspira para que en esta vida tengas los sucesos necesarios para ello.

Como dicen todas las religiones y las sabidurías, está prometido que un día saldremos de esta "cueva" y vendrá lo que conocemos como la redención. Es el acto que nos hará brillar con una luz que hasta ahora solo unos pocos conocen.

A través de este libro quiero poner velitas al lado de tus ojos. De este modo, cuando salgas a la luz tu visión no se queme y puedas ver sin dificultad.

¿Estás listo para comenzar el mayor viaje que jamás has hecho? Espero que el recorrido por mis experiencias te lleve al estudio y la relación profunda con Dios.
Viajaremos a través de lo finito -que es nuestra experiencia corporal- hacia el infinito -que es la manera que tiene el alma de ver nuestros sucesos.
¡Aquí vamos! Pero primero hay alguien a que te quiero presentar. Es el protagonista de todos mis ensayos:

DE AQUÍ Y DE ALLÁ

## *Mi amante cósmico*

¡Te cuento que tengo un amante cósmico! Sí, vive en las galaxias y a veces me distancio un poco de ÉL cuando entran los miedos y las dudas de mi vida diaria. Pero luego pienso en ÉL y se me quita... Parece un chiste, pero en realidad no lo es. Vivo enamorada. Por cada poro de mi piel sale el amor por ÉL, ¡y es tan rico! ÉL hace grandes milagros para mí. A diario tengo la dicha de ver algunos, otros pasan desapercibidos. Soy muy afortunada al tener a mi amante porque ÉL es la fuente de la que emana todo el amor. ¿Puedes imaginar que la fuente, el origen de todo amor, te dé amor? Es indescriptible.

ÉL es un amante fiel porque el 100 por ciento de las veces solo busca mi bienestar, no es hipócrita. Me acompaña a todas partes que voy. Y es bien impresionante porque a pesar de que vive en las galaxias siempre se las arregla para estar a mi lado en todo momento, muy en especial cuando se lo pido.

A ÉL le encanta hablar a cualquier hora del día. Siempre está ahí, pero su sonrisa sale cuando nos encontramos durante la madrugada. Nos sentamos a conversar sobre sus cielos y sus secretos. Le pregunto y con cada respuesta lo conozco más y más se abre a mí. Le hablo de mis situaciones diarias y me aconseja. Lo más delicioso es que sus consejos siempre son perfectos. ¡Nunca se equivoca!

Él y yo compartimos la más hermosa energía que se pueda dar entre dos almas. Nos damos amor, alegría y paz. Noto que mientras más me abro hacia ÉL, más se abre hacia mí. Entonces se convierte en una relación perfecta de dar y compartir. Lo amo con toda la fuerza que ÉL me da para amarlo. Así mismo me ama y se convierte en un círculo perfecto de dar y recibir.

¿Sabes otra cosa? Su amor por mí permite que todo a mi alrededor se llene de amor. Noto que empiezo a amar a toda persona a mi alrededor con todo mi corazón. Amo a mis hijos, a mis amigos, a mis alumnos, a mis clientes, a mis vecinos, al que me habló en el supermercado, en la farmacia o en la playa. A todos ellos los considero parte de mí. Y todo ese amor se desenvuelve a mi alrededor.

Amo a mi amante con todas las almas que el me dio. Amo a mi amante con toda mi / su voluntad.

El amor por ÉL tiene otros beneficios. Observo que mi cuerpo se rejuvenece. ¡Así es! Mientras más estudio los secretos de su Cielo, mientras más me involucro en ÉL más mi cuerpo se rejuvenece, mi sistema inmunológico se fortalece y cualquier proceso médico sale perfecto.

Mi amante y yo nos amamos sin cesar. El tiempo y el espacio no existen porque ÉL vive fuera del tiempo y del espacio. ¡Es una sensación extraordinaria amar a alguien así!

Él me sorprende mucho porque da el amor de la forma en que lo necesito. Si es un día como padre, ahí está; si lo necesito como amigo, ahí está; si lo necesito como amante y fuente de amor, ahí es cuando mi alma se exalta de emoción.

¿Quieres conocerlo? Se llama Dios, MI Creador, Creador de mi alma y de todo lo que mis ojos ven y no ven.

Observa este secreto: el tipo de relación que vives con tu pareja, con tus hijos y con tus compañeros de trabajo es un reflejo de tu relación con mi novio.
ÉL quiere una relación contigo, la busca todo el tiempo. A través de tu alma, que es el concepto femenino, busca relacionarse porque solo se puede acercar a lo que es afín con ÉL. Solo el alma tiene similitud de forma con ÉL.
No te preocupes, no me voy a poner celosa. Al contrario, deseo enormemente que experimentes esta locura de amor que también vivo.

## DE AQUÍ Y DE ALLÁ

Y ahora que ya lo conoces, comenzamos con todos los ensayos que ÉL me inspiro para ti.

# DE AQUÍ Y DE ALLÁ

## ¿Has notado que "no sacas los pies del plato"?

De la casa al trabajo, del trabajo a la casa... Llega el viernes y lo celebramos celebramos con alegría. Algunas veces vivimos el fin de semana con pasión y otras tantas solo lo usamos para seguir con una rutina de compras y tareas. Luego llega el lunes y vamos con desánimo a trabajar.

¿Qué te parece esa rutina? ¿Es conocida? ¿Qué encuentras que le falta? ¿Por qué llegamos a trabajar con tanto desánimo?

Esta rutina me parece espantosa. Admito que sí es conocida para mí y por muchos años la viví *full*.
Sin duda, llegamos al trabajo con desánimo porque no hay ningún renglón de nuestra vida que esté lleno ni satisfecho. Esto nos hace ver el trabajo como una "odisea" porque para colmo estamos trabajando en lo que no es nuestro talento. O tal vez porque no nos atrevemos a hacer los cambios correspondientes a nivel profesional. Quizás tenemos suerte y nos encanta nuestro trabajo, tanto que nos volvemos adictos a él para no tener que enfrentar otras áreas de nuestra vida.

¿Qué le falta a esa rutina? La Rutina del Alma

¿Qué me hace caer en tan espantosa rutina y no permite que me adentre en La Rutina del Alma? Mis cinco sentidos

Observa cómo lo explica la Kabbalah. Los cinco sentidos están ligados al cuerpo, que tiene su propia inteligencia. Los cinco sentidos son esa inteligencia que conocemos muy bien porque estamos en un mundo en el que el cuerpo domina.

El problema radica en que esos cinco sentidos solo representan ¡un por ciento de tu realidad! ¿Imaginas eso? Toda tu vida y todas tus decisiones son basadas en un por ciento de tu realidad. Eso quiere decir que basas toda tu vida en una "ilusión".

Verás, hay un mundo superior que en la Kabbalah llamamos Bina, desde donde se origina el nuestro. Somos un espejo suyo, como una réplica. Así como funciona un espejo, el mundo de Bina -que es nuestro origen y es perfecto- se refleja en el nuestro creando una imagen invertida.
Así mismo, invertida. Todo lo que vemos aquí es una ilusión. Las cosas no son como se ven, detrás de todo lo que nos ocurre hay una ley de causa y efecto que la domina.
Al desconocer esto, tomamos la vida por "los pelos" sin detenernos a preguntarnos el por qué de las cosas. Todo tiene una razón, nada en este mundo es al azar. Somos responsables de cada *segundo* de nuestra vida.

La Rutina del Cuerpo vivida sin la Rutina del Alma nos hace vivir como animales. No se crea ninguna diferencia entre la de un animal, despertar, comer y dormir sin ningún ápice de conciencia del alma y de los mundos superiores.

El *Zohar* enseña que solo merece llamarse Adam, que en hebreo significa hombre, la persona que estudia los Secretos del Cielo. Si no añades un trabajo espiritual a tu vida, no te involucras en los asuntos del Cielo, entonces no vives como hombre. Te conviertes en un animal, vives en este mundo sin enterarte de qué se trataba todo.

¡Despierta! Toma conciencia del alma maravillosa que tienes adentro de ti, toma conciencia de TU ser Divino. Empieza a vivir diferente. Verás que tus semanas comenzaran a tener sentido, el trabajo ya no lo veras como una odisea. Todo empezará a cambiar en tu vida.

Pero, ¿cómo cambiará mi vida solo por empezar a estudiar la Kabbalah?
Nos enseña la Tora que "Dios es nuestra sombra". ¿Cómo actúa una sombra? Hace lo mismo que nosotros hacemos. Si

yo estiro mi brazo para dar y compartir con alguien, así mismo hace mi sombra. Si por el contrario mantengo mis brazos recogidos en mi pecho en una actitud egoísta, así mismo actúa mi sombra. Si yo me acerco a Dios, ÉL se acerca a mí. Dios es la fuente de toda alegría, amor, paz y de las bendiciones que hacen nuestra vida feliz y verdadera.

¿Ahora comprendes la diferencia? Si no trabajo mi relación con Dios, que es mi amante cósmico, entonces me lo pierdo todo, vivo una vida sin propósito y vacía. Sencillamente NO VIVO. Si no activo mi alma entonces soy como un cuerpo muerto, abandonado por su alma

¡Despierta! Comienza a vivir.

DE AQUÍ Y DE ALLÁ

## *El poder de la palabra*

Dios nos dio dos formas de crear: una es con el órgano sexual con el que traemos a nuestros hijos al mundo. La otra es con la palabra que sale de nuestra boca.
Como imaginarás nos pasamos creando situaciones no necesariamente bonitas simplemente porque ignoramos este conocimiento. Veamos algunos ejemplos con los que creamos circunstancias negativas:

Cuando maldecimos - Literalmente estamos maldiciendo nuestra vida tanto como crees que te irá y no solamente como te está yendo, sino como te sentirás. Al hacer esto creas un demonio que dañará cada aspecto de tu vida.

Cuando mentimos - Estamos creando algo que no existe. Terminaremos con una vida vacía que no tomará rumbos determinados. Siempre sentirás que no logras nada.

Cuando hablamos palabras de ira e incluso tiramos cosas al piso - Esto crea otro demonio que hará todo lo posible para destruir lo que más amas y separarte de ello. Tirar las cosas al piso créa otro demonio.

Cuando hablamos chismes - Eso es dañar la imagen (entiéndase el alma) de otra persona. El alma es divina, por lo tanto, estás tratando de dañar a Dios mismo. El chisme y la difamación son actos muy graves que te traen ineludiblemente lo mismo hacia atrás -esto es de vuelta hacia a ti-. Aléjate del chisme, no seas participe del mismo y explica esta razón en el grupo en el que esté ocurriendo.

Cuando hablamos con orgullo - Esto se da al hablar y hacer sentir a alguien que uno es superior. Esto siempre resulta en una humillación y trae consigo un demonio que es muy difícil quitar. Esta persona que habla con orgullo inevitablemente vivirá muchas situaciones de humillación. Esa es la única forma en que Dios puede quitarte ese demonio que se pega como una lapa y no te suelta.

Es importante que tomemos conciencia de nuestra manera de hablar. Pensemos antes de hablar si lo que diremos es importante, si es para hacer bien, o si es para satisfacer nuestro ego.
Está bien quedarte callado, no tienes que estar hablando todo el tiempo.
Te invito a que hagas una introspección sobre tu forma de hablar y escribe aquellas cosas de las que te das cuenta. Pídele a Dios que te muestre.

Dale, ¡voy a ti! Tú puedes cambiar la forma en que te expresas. Cambia tu hablar y dale un *up grade* a tu vida.

# DE AQUÍ Y DE ALLÁ

## *Las vacas gordas y las vacas flacas*

El *Zohar* nos enseña cosas muy interesantes. Para empezar, todo el texto de la *Biblia* (Antiguo Testamento) no se puede leer de forma literal, está lleno de códigos. Veamos uno:
Nos cuenta de cómo Joseph podía descifrar los sueños; y descifró el sueño que tuvo el Faraón y esto le valió salir del calabozo y ser virrey de Egipto. El sueño fue que vio siete vacas flacas y siete vacas gordas. Las flacas se comían a las gordas.
¿En términos de la Kabbalah, qué significa? Las vacas gordas aluden al alma de los planetas, que son ángeles. Representan las siete dimensiones del Árbol de la Vida -desde Bina y Saturno hasta Yesod, Luna (que es donde se deposita toda la abundancia que baja de los mundos superiores).
Las vacas flacas son las *klipot* (cascaras oscuras, la parte negativa) de esos planetas; esto es su parte física que vemos por fuera.

¿Qué significa todo esto? Si actuamos con el alma entonces conectamos con las vacas gordas, que son toda la abundancia. Pero si actuamos con el cuerpo entonces nos conectamos con la parte negativa que nos lleva al caos.
Las flacas (el caos) se comían a las gordas. En nuestra vida tendemos a movernos y mantenernos dentro del caos, vivimos reaccionando a todo a nuestro alrededor, olvidándonos de nuestra propia esencia. Seguimos viviendo así hasta que un día nos llega la hambruna. Aunque se manifiesta de forma física en escasez, la realidad es que la hambruna es del alma. No le hemos dado de comer al alma, no la mantenemos saludable.

Observa que te mencione anteriormente que la abundancia se queda en el Yesod (la luna). Esto es importante entenderlo porque nuestro trabajo aquí es, precisamente, atraer toda esa abundancia hasta nuestra tierra que es donde la necesitamos. Para ello tenemos que saber cómo conectar con el Cielo. Aquí es donde entra la Kabbalah para enseñarte a hacerlo de forma tal que nunca sufras de hambruna. Ese bienestar cae en el mundo entero y en tu vida.

¿Acaso existe un dar y compartir más exaltado que brindar sucesos de bienestar al mundo? No, no lo hay. Ese dar y compartir exaltado nos lleva al amor altruista hacia nuestro prójimo.

¿Cuándo empiezas el cambio? Si yo fuera tú, empezaría ahora.

# DE AQUÍ Y DE ALLÁ

*Conversaciones con mi amante cósmico:*

El sábado pasado mientras paseaba a Bridget (mi amorosa y linda perrita) en el parque estaba viviendo mi Shabbat y comienzo a hablar con mi Amante (sí, lo sé, parecería que hablo sola). Le daba gracias por ese día y por toda la semana que acababa de pasar. En eso recuerdo que la Kabbalah enseña que cada día de la semana es tan nuevo como el primero de su Creación (por ejemplo, el lunes es tan nuevo como el primer lunes de la Creación y así sucesivamente). De momento me doy cuenta de que igual sucede con el sábado y me digo: "¡wow, realmente entramos en otra dimensión durante estas 24 horas!". De momento cobro conciencia de que el Jardín del Edén realmente está a mi lado y en mí. Me percato del regalo tan MARAVILLOSO que es.

Mi amante me recuerda la enseñanza de Rav. Yehuda Ashlag -un sabio maravilloso de feliz memoria-. En uno de sus ensayos nos menciona que "el Creador no encontró mejor vasija para nosotros que la paz". Nosotros somos paz; hasta la persona más malvada desea paz. El Shabbat es paz.

Como menciono antes, cada día es tan nuevo como el primer día en que se creó. En el caso del sábado, tiene una cualidad que los demás días no tienen. Es que ese día mi Amante nos regala la paz y todas las bendiciones que llegan con ella.

El sábado conectamos de forma directa con nuestro Árbol de la Vida. ¿Te imaginas 24 horas sumergido en tu paraíso, en tu paz?

¿Qué nos trae esa paz a la que nos conectamos por 24 horas? La Kabbalah nos enseña que después que Dios nos dio cuerpo proclamó que ese día también todas sus criaturas descansarían.

Sabrás que el hombre no fue el único que recibió cuerpo, también el mundo mineral, vegetal y animal. Observa esto: nosotros fuimos los últimos en recibir el cuerpo. Por tanto, si descansamos y nos permitimos recibir la paz que ÉL nos envía, entonces los demás mundos (mineral, vegetal y animal), nuestra tierra, lograrán la paz. No habría problemas climáticos ni guerras entre países ni en el interior de tu hogar. El ser humano tendría paz. Fíjate en esto: nuestra alma es de paz. Si hay guerra a nuestro alrededor es porque no activamos nuestra paz.

Por otro lado, conseguimos que nuestro cuerpo también sea bendecido y santificado porque veremos las cosas de nuestro ego de una forma clara. Así nuestro cuerpo podrá batallar mejor con las tentaciones físicas.

También vemos que cuando escogemos recibir la paz, le estamos diciendo a Dios (mi Amante Cósmico) "Yo te escojo a TI". Entonces ÉL regirá nuestra vida.

Si no escogemos la paz lo que comanda nuestra vida es el lado de la oscuridad que nos lleva por caminos de dudas, miedos, enfermedades y situaciones a destiempo (caos). El cuerpo es como una antena que recibe constantemente el bombardeo cósmico de energía proveniente de la oscuridad. Como no la vemos no cobramos conciencia de ella.

Cuando Dios dijo "Voy a descansar" no es que lo haga literalmente. Pensar eso es ridículo. ÉL es una energía omnisciente. Con esto nos dice: "Escucha, hijo mío, te he dado un nuevo cuerpo, que tiene su propia inteligencia proveniente del Árbol del bien y del mal. Para que puedas manejarlo correctamente YO te daré el día del sábado para que recibas la energía de la paz. Dentro de ella YO te enviaré todo lo que necesitas, no solo para santificar tu cuerpo y puedas manejarlo correctamente, sino también para que tengas la energía de trabajar dentro de la energía de la luz en ese mundo en el que nada es lo que parece ser. Pero, escúchame, para ello debes descansar. Piensa en mí y solo en mí, olvida todo lo mundano y conecta conmigo. Así podré enviarte mi paz".

Hasta aquí la conversación con mi Amante en esa hermosa mañana dentro del Shabbat.

Te invito a que hagas tus arreglos y te dispongas a tener 24 horas dedicadas a ÉL, bendice tus tres comidas (cena del viernes, desayuno y almuerzo del sábado) y comienza a recibir su regalo de paz.

# DE AQUÍ Y DE ALLÁ

*Hoy una amiga perdió a su padre...*

Todos los días hay personas tristes alrededor del mundo porque pierden a un ser querido. La muerte es un tema recurrente en muchas películas. Están las de zombis o las de seres que tratan de conquistar la muerte ante la inmortalidad. Interesante, la muerte versus la inmortalidad. No cabe duda que la inmortalidad nos llama mucho la atención desde los tiempos en que los conquistadores de América buscaban la fuente de la juventud, hasta las películas de Drácula. Entre medio están todos los remedios médicos para hacernos conservar la piel.
¿Por qué nos llama tanto la atención? ¿Es acaso porque no queremos morir? Bueno, a simple vista eso es lo que aparenta ser. Pero como siempre digo, todo tiene una razón espiritual. Buscamos la inmortalidad porque YA la tenemos, pero no la vemos; YA la vivimos, pero no parece que la tengamos.

Me dirás: "Bueno, Mimi, no me puedes negar que la muerte existe, el cuerpo se va a la tumba y a la persona nunca más la volvemos a ver". Sí, es cierto, nuestro cuerpo se hace polvo. Esa realidad nos hace "mortales".
Pero la parte más importante de nosotros es completa y absolutamente inmortal. ¿Cuál es? Nuestra alma.
Somos seres de esencia divina, no podemos morir. Cuando la muerte del cuerpo llega, el alma sigue sus rumbos, los cuales dependerán mucho de en qué se posaban nuestros pensamientos mientras estuvimos vivos. Pero este ya es otro escrito.
Como decía, la inmortalidad YA LA TENEMOS. Es importante que recordemos y aprendamos esto, especialmente cuando tenemos el dolor de una pérdida.

¿Dónde se ve nuestra inmortalidad? En nuestra creación. Dios nos hizo a su imagen y semejanza. Somos alma, igual que ÉL; somos inmortales, igual que ÉL. Tenemos la Divinidad dentro de nosotros, igual que ÉL.

# DE AQUÍ Y DE ALLÁ

Te cuento que la Kabbalah enseña muchos aspectos muy interesantes sobre nuestra inmortalidad y nuestra Divinidad; nos habla de la reencarnación y cómo vida tras vida nos volvemos a encontrar con nuestros seres queridos y los no tan queridos para arreglar nuestras situaciones. Nos habla también sobre el tiempo y el espacio, sobre cómo todas nuestras vidas aún están sucediendo en dimensiones diferentes, pero todas dentro de esta tierra. Sí, así es. En realidad todas nuestras vidas siguen existiendo y están concatenadas las unas a las otras. Esta es la razón por la que nosotros podemos enmendarlas, porque desde nuestro presente vamos arreglando las pasadas y las futuras, ¡increíble! Esta es precisamente la mentalidad que debemos empezar a tener.
Fíjate en esto: nuestra alma es muy, muy grande. De hecho, lo que está en nuestro cuerpo se le llama chispa porque es solo una porción de nuestra alma la que entra en el cuerpo. Por tanto, hay otros tantos pedacitos de nosotros que andan por otras partes corrigiéndose y viviendo sus experiencias.

Como puedes ver, ya a somos inmortales. Debemos entenderlo y empezar a vivir de acuerdo con ello.

La Kabbalah nos enseña que llegará un día en el que ya la muerte física no existirá. De hecho, no habrá más enfermedades ni guerras, el hombre vivirá de otra forma y las energías de oscuridad -que son las que nos traen la mentalidad de miedo, dudas y muerte- ya no existirán más.

Mientras eso llega vamos a entablar una linda relación con nuestra alma y con las almas de los seres que nos rodean. Así cuando se nos vayan sabremos que ellos estarán bien y nosotros también.

# DE AQUÍ Y DE ALLÁ

## *La bondad en mí*

Hay una festividad que en la Kabbalah llamamos Pesaj y coincide con el tiempo de la Pascua para los cristianos. En esa semana Dios nos regala una de sus cualidades que se llama la bondad absoluta. La encontramos dentro del Árbol de la vida en una dimensión que se llama Jesed y está ubicada en el planeta Júpiter.

El patriarca que trabajó ese camino de bondad absoluta en nuestra tierra se llama Abraham. Tanta fue su cualidad, tan parecida a la bondad del Creador, que ÉL mismo lo llamo "mi amigo". El *Zohar* nos cuenta que este es un nivel muy alto de alma. Tanto fue su amigo que Abraham es el padre de todas las sabidurías que hoy día existen en el mundo. Así es, por eso dices que todas tienen puntos en que se parecen entre sí.

Te imaginas que Dios te llame "mi amigo". Eso significa lograr paz, abundancia y salud en diversos aspectos de nuestra vida. Todo lo que pueda suceder Dios se encarga de solucionarlo. Así mismo, del modo incondicional como uno se comporta con su mejor amigo.

Esta semana vamos a tratar de ser mejor con nuestro semejante desde el aspecto del amor. Veamos:

- Expresamos amor o somos seres egoístas. El amor, ¿lo expreso con lo que yo deseo para mí sin pensar en la otra persona? ¿Me doy y comparto complaciendo a mi pareja?
- ¿Cómo ayudo a los demás? ¿Lo hago desde el control, o sea a mi manera, y no como ellos desean? ¿Doy y comparto cuando tengo que sacar de mi tiempo aun cuando no lo tengo? ¿Solo doy y comparto dentro de mi zona de espacio cómodo?
- ¿Doy y comparto con el que me cae mal? ¿Con el extraño?
- ¿Soy constante con mi prójimo? ¿Puede contar conmigo en las buenas o en las malas? ¿Solo me aparezco en las buenas?

- ¿Me la paso discutiendo con mi prójimo?

- ¿Soy orgulloso? ¿Trato a los demás de manera orgullosa? ¿Tengo aprecio por mi amigo? ¿Perdonaste?
- ¿Te sientes vinculado con tus amistades? ¿Sientes que hay una conexión mayor a nivel espiritual en la que ambos se benefician mutuamente?
- ¿Celebras el amor que sientes por tu prójimo?

Se imaginan que algún día logremos que Dios nos diga "eres mi amigo" ¡Yo por mi parte lo deseo muchísimo y ojalá algún día sea así!

Esto no viene sin esfuerzo, nos toca trabajarlo. Te animo a que lo hagas, atrévete a vivir otro nivel de amor. No tengas miedo porque al final lo que encontrarás es el alma de todas las almas: TU Dios.

DE AQUÍ Y DE ALLÁ

*Anoche, buscando algo que no me diera estrés:*

Ayer en la noche, antes de dormir, me puse a buscar algo en Netflix. Me encuentro con una serie llamada *Our Planet*. Pensé que sería genial ver algo relacionado con la naturaleza y los animales.
Por un lado, aprendí mucho sobre el balance del ecosistema entre animales. También de la fuerza tan importante de la lluvia, de la relación de los dos polos, del desierto y de los bosques. Sin embargo, no me dejó relax. Me hizo ser consciente de cómo se ha deteriorando el clima en el mundo entero.
Hoy estuve en el salón de belleza y salió esta conversación. Me comentaron que en un centro comercial había una exhibición de ese tema, incluido el proyecto de feria científica de una estudiante que abordaba la situación de manera muy interesante. Ella personificó una conversación con el planeta Tierra. ¿Qué le dijo? "No me siento bien, tengo fiebre y es el hombre que me la está causando".
¡WAO qué simple y cuán cierto! Las razones físicas y materiales que causan el calentamiento global ya son conocidas. Es muy fácil buscarlas por Internet. De hecho, hay un movimiento mundial para trabajarlo.

Ahora hablemos de lo que no es evidente, de la parte profunda de la situación, que como en todo es una raíz espiritual.
"El planeta tiene fiebre". Todos hemos pasado alguna vez por la fiebre, ese calor que sale desde adentro del cuerpo. ¿Como podemos ver esto de manera espiritual? El ser humano es ENERGÍA. No te engañes pensando que solo somos un cuerpo que genera su propia energía. La que es mayor y la que te hace estar en pie y estar VIVO es la energía del alma. Si lo dudas, piensa cómo se ve un cuerpo sin alma: ¡muerto!
Somos energía y vamos por todos lados dándole rienda suelta a través de nuestras emociones.
Vivimos a través de ellas. Para todo tenemos una emoción, que puede ser de alegría, de amor, de compañerismo, de

fraternidad, de miedo, de dudas, de ira, de orgullo, de control, de celos, incluso de odio.
Todas las emociones negativas nos dañan. Las que están calentando nuestro planeta son la ira y el orgullo.

La ira, porque cuando la persona está molesta y habla está botando aire caliente con mala intención desde su boca. Si lo pudiéramos ver, es como estar echando fuego por su boca y por todo su cuerpo. Después de esto, ocurre una desconexión total de la Luz Divina. ¿Te has dado cuenta de que después de un episodio de ira tu mente se queda como en blanco? Pues así es, te desconectaste totalmente del Cielo.

La persona orgullosa mira a su semejante como si valiera menos. También piensa que todo lo logra por ella misma. En ambos casos se aleja tremendamente del Creador porque está humillando a un alma Divina. En otras palabras, humilla a Dios mismo. Por otro lado, al pensar que todo lo hace por sí misma ya lo saca totalmente de su ecuación de vida.
Estas son las dos porciones del ego que le están dando fiebre a nuestro planeta. Ambas constituyen la verdadera razón del calentamiento global.

La tierra absorbe TODAS nuestras emociones, buenas y malas. Por ende, estas también son la razón de todos los desastres naturales.

¿Cuándo entenderemos que el planeta es nuestro REINO y que vivimos juntos en una aventura que se llama VIDA?

Somos socios (la tierra y nosotros), estamos juntos desde el principio. De hecho, la Kabbalah enseña que la Tierra comenzó a funcionar cuando el hombre vino a morar en ella, antes de eso todo permanecía en estado de espera.

La tierra y el hombre se alimentan mutuamente. El planeta nos da toda su naturaleza para que de ella obtengamos nuestro

alimento y a cambio el ser humano la alimenta con sus emociones.
Si en la mayoría de nuestro día reina la emoción del miedo, del odio, de los celos, del orgullo, de la vanidad, del control, de la ira y de la duda hacia Dios, entonces, ¿cómo crees que se pueda sentir, ¿cómo no enfermarse?

Te invito a que tomes un tiempo, anota y analiza tus emociones diarias. Si ves que son más las negativas entonces crea el compromiso contigo mismo de comenzar a cambiar.

La razón de nuestras malas inclinaciones es porque no pensamos ni hablamos con Dios lo suficiente, a veces pasan semanas. Dar y compartir con tu prójimo te da la gasolina que necesitas para darte cuenta de tu comportamiento y hacer la restricción necesaria para que de tu boca no salga fuego.

Vamos entre todos a poner nuestro esfuerzo en mejorar nuestro planeta, pero desde el alma.

DE AQUÍ Y DE ALLÁ

## *Nuestra propia odisea*

De seguro te has dado cuenta de que todos los que estamos en este mundo llevamos una odisea a cuestas. Puede ser por amor, dinero, trabajo, hijos, salud o traiciones. Sin duda todas surgen en algún momento de nuestra vida. Es como si el cielo nos dijera: "Hey, esto lo tienes que vivir, lo tienes que sentir, ¡aprende!". Nuestros cinco sentidos nos dicen que esto es totalmente inevitable y, lo que es peor, podemos sentir que estamos solos en esa odisea. Sin embargo, hay otra forma de vivir.

En la Kabbalah celebramos lo que llamamos Pesaj (la Pascua para las religiones). Sin embargo, no festejamos la crucifixión de un hombre (el maravilloso maestro Jesús). Sino que honramos nuestra salida de Egipto, que representa la salida de nuestra odisea.

Fíjate en esto: el pueblo israelita estuvo esclavizado por cientos de años. No siempre fue así. Al principio, gracias a Joseph (hijo del patriarca Jacob, que se convirtió en virrey, con tanta fuerza como el faraón) todos los judíos vivieron muy bien, tenían su propia localidad, sus propias cosas y llegaron a tener grandes riquezas. Sin embargo, cuando muere todo eso se acaba y el faraón ya no tiene condescendencia con ninguno de ellos. De hecho, los empieza a ver como enemigos y de ahí surgió la esclavitud. Pasaron cientos de años y llegó Moisés. A través suyo y su hermano Aaron, Dios personifico 10 grandes milagros que mientras dañaban al egipcio, no así al pueblo judío.
Lograron salir. Fueron 600,000 judíos y el resto, de un total de tres millones de personas, eran egipcios.
¡Y Dios siguió siendo evidente! Porque inmediatamente les puso una nube de gloria que los protegía del sol. De hecho, ni sus ropas ni sus sandalias se desmejoraban. ¡Les brindó un pozo! Tenían una roca que rodaba al lado de ellos y cuando acampaban les daba agua. Les dio una llama de luz que iba

frente al grupo de manera tal que nadie perdiera el camino. Y no solo eso, sino que también les ofreció de comer -cayendo del cielo el maná, el cual tenía la cualidad de tener el sabor según lo que quisieran consumir y nadie se quedaba con hambre-.
Tu dirás, "¡wao, qué asistencia divina!". Pero qué va. A nosotros se nos olvidó todo eso cuando llegaron los egipcios para matarnos y rápido dudamos. Eso fue un gran problema porque Dios no puede habitar donde hay duda. Pero hubo un solo hombre que se echó al mar y camino hasta que el agua le llegó a la nariz. Justo en ese momento Dios mismo hizo el milagro de abrir el mar. La Kabbalah nos enseña que este fue un milagro que ÉL realizó sin que mediara ningún ángel o zar celeste.

Pero faltaba el más grande milagro: la entrega de la Tora y de las leyes del Cielo para poder vivir en esta tierra de forma correcta, sin caos ni esclavitud. Dios mismo bajó al mundo y sus palabras se vieron.

¡Yey, vivir en el paraíso! Pero no fue así porque lo dañamos con el becerro de oro que los egipcios (magos) que salieron con nosotros hicieron. Cabe notar que el judío no participó físicamente pero sí tuvo miedo y dudas. Así que nos quedamos sin esa Torah y en su lugar llegó otra llena de códigos difíciles de descifrar. De ahí es que la Kabbalah y su libro del *Zohar* los descifra.

Creíamos que aquí terminaba nuestra odisea, pero que va nada que ver. Cuando fuimos a entrar a la tierra perfecta que se nos tenía prometida, dudamos de su perfección y, ¡boom!, fuimos castigados a estar 40 años en el desierto. Cuatro décadas nos tomó limpiarnos de las dudas y llenarnos de deseo por entrar a la tierra que ÉL nos regaló.

De más está decirte que esta historia está llena de códigos y de muchos otros detalles muy interesantes. Sin embargo, vamos a quedarnos en nuestro punto, ¡nuestra odisea!

Egipto - A nuestro ego, nuestra oscuridad, los celos, el orgullo, la ira, el control, el juicio, el adulterio, la mentira, la vanidad, los vicios y la promiscuidad. Es nuestra esclavitud. Dios envió las 10 plagas para limpiarnos de toda esa impureza y poder salir del ego.

Las nubes de gloria que nos protegieron del rigor del sol son los secretos del cielo - La Kabbalah

El Maná - Es el alimento que el alma necesita.

La tierra prometida - No es una tierra física, es nuestro verdadero hogar en los mundos superiores.

Fíjate que esta historia de hace tantos siglos no la podemos tomarla literal. Es una metáfora que representa el caminar de nuestra alma por este mundo, cómo al principio llegamos muy bien y luego lo empezamos a dañar.

Debemos entender que en nuestro caminar siempre está Dios. Pero muchas veces lo ignoramos. ¡Tantos milagros y al segundo de tener cualquier problema se nos olvidan! Rápido caemos en la desesperación y en la duda.

La entrega de la Tora es el momento en nuestra historia en la que Dios nos da el regalo del libre albedrío pues es la primera vez vemos que hay dos caminos a seguir: el del cielo o el de la oscuridad.

Y fíjate que sucedió: escogimos la oscuridad porque dudamos y tuvimos miedo. Por ello nos tocó caminar 40 años más en lo que entendíamos y nos llenamos de deseo para de verdad querer el regalo de la divinidad. Si no hubiéramos dudado hubiésemos disfrutado de inmediato de nuestro paraíso y el mundo ahora sería otro.

Ambos caminos llegan al mismo lugar, solo que uno toma más tiempo que el otro.

Como ves esto no es una historia, es nuestra vida, es nuestra odisea.


Piensa en todo esto, observa con sinceridad por cuál camino vas. Decide por el que deseas transitar. Si optas ir por el camino de Dios, díselo, háblale y veras todos los milagros por los que ÉL conspirará. Proponte recordar sus milagros para que así no te pase como en el desierto.
Decídete a terminar tu odisea, estudia los secretos del cielo.

Conoce a Dios y enamórate de esa energía maravillosa de alegría, milagros y paz.

# DE AQUÍ Y DE ALLÁ

## *¿Sabes la historia de los perros?*

Se remonta al tiempo cuando los judíos estaban esclavizados en Egipto.

Si recuerdas la historia, Dios envió 10 plagas para convencer al faraón de soltar al pueblo israelita. La novena plaga consistía de tinieblas y de una oscuridad tan pesada que el egipcio podía sentirla físicamente. En los tres días que duró, los israelitas recibieron instrucciones de ir a casa de los egipcios para recoger lo que ellos le habían robado. Y así sucedió, los judíos podían ver a través de la oscuridad, pero el egipcio no.
¿Y dónde entran los perros? Verás, en las casas de los egipcios había perros y ellos pudieron haber alertado cuando el judío entraba, pero no fue así. Ellos se alinearon con su creador y permitieron que los israelitas entraran sin que ladraran ni hicieran daño a ninguno.

Y como el perro coopero, Dios lo bendijo dándole un corazón tierno y la bendición de vivir con el ser humano. Es por esta razón que los perros son tan especiales para nosotros.
Sin embargo, en las plagas hubo sapos, piojos, así como muerte de ganado, caballos, burros, camellos, ovejas y cabras. Todos conspiraron con Dios.

La Kabbalah nos enseña que el ser humano tiene la responsabilidad de elevar el alma de todo lo que le rodea, incluyendo los animales. Por eso es tan importante bendecir cada alimento que consumimos porque al hacerlo estamos subiendo el nivel de alma de ese animal.
Si tienes mascotas, puedes sentarte con ellas y estudiar la Kabbalah, pues reciben toda esa iluminación en sus almas. De igual forma puedes irte a un parque o a un bosque y sentarte a estudiar frente a toda esa naturaleza. Ella captará toda la energía divina.

## DE AQUÍ Y DE ALLÁ

¡Tenemos tantos animales hermosos en nuestro mundo! Agradezcamos a Dios por ellos y que se multipliquen en bendición. Con ellos compartimos este mundo.

DE AQUÍ Y DE ALLÁ

## ¿Sabes qué día es hoy?

¡Es viernes! Ya sabemos lo que representa su llegada. Para quienes trabajamos es el "tiempo del desahogo". Ahora, me gustaría darte otra perspectiva de este día.
Imagina si alguien a quien admiras y respetas te dijera: "Quiero que descanses por 24 horas, desde el viernes en la noche hasta el sábado en la noche. Te invito a que en ese tiempo pienses en mí y en la relación que tenemos. A cambio te daré los siguientes regalos: conocimiento, iluminación e inspiración para que puedas comprender lo incomprensible y solucionar lo que te preocupa. que hasta ahora no has comprendido y/o solución a lo que te preocupa. También te obsequiaré un escudo especial que te brindará la fuerza para trabajar la siguiente semana, así como sustento para ti y tu familia. Llenaré tu casa de paz".

¡Imaginas eso! Descansar de los asuntos diarios y simplemente cogerte un *break* es tan rico. Imagina recibir a cambio la respuesta a tus problemas, el sustento de tu semana y la fuerza para bregar tus días con paz. Es genial, ¿verdad?

Sí, lo es. ¿Y sabes algo? Existe y se llama Shabbat. Dios te dice: "Escúchame, mi amor, quiero que descanses y que dediques un día a pensar en mí y en nuestra relación. YO a cambio te brindaré un alma adicional que se va a insertar en ti por esas 24 horas y ella te va a permitir ver lo que hasta ahora no has visto y así podrás elevar no solo tu alma sino también resolver tu vida física. También te daré todo el sustento que necesitas y toda la fuerza para trabajar tu diario vivir sin caos. Solo te pido un día, el sábado".

¡Qué rico! ¿Por qué voy a decirle que no a tantos regalos maravillosos?

Ahí entra nuestro ego: "Seguro lo puedo hacer otro día porque el sábado tengo tantas cosas". El sábado (empieza el viernes en la noche porque es calendario lunar) es el único día en el que se da esta energía que regala Dios al mundo. La energía del Shabbat cae en el mundo entero, pero solo la recibe quien tiene la conciencia de recibirla.

Y sigue entrando tu ego: "Yo no soy judío, eso tiene que ver con una religión que no soy". ¡Nada más lejos de la verdad! Dios envía este mandato al mundo completo, a todas sus naciones. Tanto así que el cuarto de los 10 mandamientos dice: "Recuerda el día de Shabbat y mantenlo santo".

Y sigue el ego haciendo de las suyas: "Ok, un día de estos lo pongo en agenda". Qué va, nunca lo harás porque la energía negativa ya puso tiempo en el miedo y simplemente se te va a olvidar.

El Shabbat consta de tres comidas: la cena del viernes, el desayuno y el almuerzo del sábado. Estas se bendicen antes de ingerirlas y se hace con la conciencia de tener a Dios en tu mesa. Estudia sobre ÉL, escucha videos de los tantos maestros de Kabbalah que ahora abundan en Internet. En la mesa, mientras comes, no hables ni pienses en nada mundano. Estudia y lee, llénate de ÉL en esas 24 horas, duerme y toma tus siestas, respira.

Te propongo que hoy comiences una nueva relación con Dios. Verás cómo te enamorarás de tu Shabbat y de Dios.

## ¿Qué es el Shabbat?

Anoche mientras visitaba a una amiga, me preguntó qué es el Shabbat. Sin embargo, en el momento en que le iba a contestar fuimos interrumpidas. Así que siguiendo las señales del cielo aquí lo expondré para todo aquel que tiene la misma duda.

En el principio Dios hizo el cielo y la tierra. En los siguientes días se dedicó a hacer sus componentes. En el sexto día es que hace al hombre. Luego Dios descansó y le ordena al hombre hacer lo mismo.

Veamos: El séptimo día es el sábado si contamos como primero el domingo. Pensar que Dios descansa es una idolatría porque no es un ser físico. ¿Qué quiso decir con descansar? Dios es una energía de dar. Por tanto, significa que se dedicará a dar durante ese séptimo día.

¿Por qué ordena al hombre a descansar? Para que pueda recibir todas las bendiciones que le hará llegar.

¿Cómo es esta mecánica? Es obvio con todo lo que vemos, los caos familiares y mundiales que imperan, la bendición no está llegando. Aquí entra el Shabbat. Es una energía que viene directo de los mundos superiores con todas las bendiciones que necesitamos para trabajar la nueva semana que se avecina. Sin embargo, sucede que a pesar de que Dios la envía por igual al mundo entero solo la reciben aquellos que tienen la conciencia de recibirla. Aquí ya vemos por qué las bendiciones del cielo no llenan el mundo porque son muy pocas las personas que lo practican.

¿Qué sucede cuando practicamos el Shabbat?
- Baja un alma de los mundos superiores que se inserta en ti para darte iluminación y salud en todos los sentidos. Al tratarse de un alma con una evolución máxima, te curará

de todos tus aspectos físicos, repara el nivel básico de tu alma y de ahí parte para restaurar los siguientes.
- Llena tu hogar y tu ser de una paz que durará toda la semana.
- Llena de bendiciones todos los sucesos que vivirás en la semana y arregla toda situación. Incluso crea milagros.
- Te da toda la energía que necesitas para trabajar tu semana.
- Te permite ver con claridad las dudas y los miedos que tienes. De esta manera tomarás decisiones acertadas.
- Nunca te faltará el sustento y tus negocios prosperarán.
- Bajas la paz y la abundancia para el mundo y para todo lo que aquí habita.
- Te saltas el Karma, tomas control de tu vida y de los astros que conforman todo el proceso karmico. En el Shabbat estas conectando con la energía que maneja los astros. Por lo tanto, ya no estas a merced del caos (energías de oscuridad que traen situaciones a destiempo).

¡Wao, todo esto está genial! No hacerlo sería como negarme a recibir todo el regalo Divino de mi Creador. Esto me lleva al siguiente paso:

¿Cómo logro esto, cómo hago el Shabbat?
1. Empieza el viernes por la noche (técnicamente según la Kabbbalah, ahí empieza el siguiente día y no a la 12:00 a.m. como pensamos) y termina el sábado en la noche.

2. Son 24 horas en las que puedes estudiar, meditar y conectar con Dios. Lo aconsejable es que estudies de los grandes maestros y hagas sus meditaciones. Toma tiempo para hablar con Dios y para una siesta. Acostarse y descansar por la tarde te ayuda a absorber toda la energía que estas recibiendo. Como ves, es un día que le dedicas por entero al cielo.

3. El Shabbat se compone de 3 comidas.
La cena - Conecta con la energía del patriarca Isaac (es la disciplina y la justicia) y con la energía de la Sefira (proveniente del mundo superior llamado Bina, que es de donde sale nuestra creación, el planeta Saturno). Esta es nuestra primera conexión.

El desayuno - Conecta con el patriarca Abraham (es la bondad, el amigo de Dios, la riqueza). En este momento tenemos la conciencia que desde Bina empezará a emanar toda la abundancia de Dios. Esta moverá por todo nuestro Árbol de la vida (como si fuera un sistema de tuberías) hasta llegar a nuestra "batería celeste" que se llama Yesod (ubicada en la Luna).

El almuerzo - Conecta con el patriarca Jacob (es el hombre justo, el que lleva a las personas a conectar con Dios. Es la belleza armoniosa de tener una existencia en equilibrio, es la fuerza de la vida). En este momento tenemos la conciencia de que vamos a recibir lo que llegó al Yesod y se propaga a nuestro mundo físico, nuestra vida, nuestro hogar y a todo lo que nos rodea.

Es importante que bendigas las tres comidas y que no hables sobre nada mundano en la mesa mientras las consumes.

Como ves, las tres comidas son fundamentales ya que es todo un tránsito desde los mundos superiores hasta el nuestro. Si te saltas una no lograste hacer el Shabbat.

Es bueno que si puedes incluyas lo siguiente:
- Pon tu mesa bonita y saca tu vajilla. El Shabbat es un momento de alegría y de abundancia.

- Ten vino y procura que sea kosher (créeme cuando te digo que hay una diferencia muy grande entre el vino regular y este). Esto simboliza los secretos del cielo y sirve de transmisor de energía. Debes tener una copa en tus tres comidas. Si no tomas vino, puedes sustituirlo con jugo de uva.

- Ten pan, pues simboliza los mundos material y astral. Lo ideal es que tengas 12 pedacitos.

- Enciende dos velas cuando comience el Shabbat. Lo ideal es que se mantengan encendidas durante las 24 horas. Esto simboliza esa conexión con el mundo superior (y te ayuda a ponerte en la sincronía del Shabbat). Aquí también sucede algo muy especial y es que cuando prendemos las velas hacemos que cese inmediatamente toda actividad en el infierno (Síií, existe, aunque no es como te lo imaginas). Todas esas almas también descansan por 24 horas. Cuando apagas las velas el sábado en la noche el infierno vuelve a despertar.

- En la medida que puedas, trata de no hacer trabajo mundano en esas 24 horas.

Aquí mi humilde resumen. El Shabbat no es fácil, requiere de nosotros el deseo. Una vez lo empieces a hacer, el anhelo seguirá creciendo al punto que no saldrás de él. La razón: comenzarás a ver los cambios en tu vida, en tu familia y en todo lo que te rodea.

Esto es algo que no puedo contarte más porque es tan maravilloso que solo se capta viviéndolo.

¡Disfruta de tus 24 horas de descanso y de conexión con Tu Creador!

## ¿Qué tenemos que arreglar?
(Escrito en los tiempos del Covid-19)

Hoy me levanté temprano para ir al supermercado y encontrarme con la menos gente posible. Para mi sorpresa me topo con una fila para poder entrar. De inmediato mi mente se remontó a los tiempos del huracán María, en los que para ir al supermercado había que hacer la superfila. Veo a las personas con los carritos llenos de compra. Me atrevo, sin miedo a exagerar, que el 90 % de las personas estaba comprando de una manera exagerada. El motivo: porque hay miedo. ¿Por qué esa compulsión de tener una cantidad alarmante de alimentos? Para sentirnos "protegidos"

Por otro lado, te cuento lo que me pasó el viernes pasado. En horas de la tarde mi hijo menor me dice que hay que comprar papel higiénico, así que me dirijo a la farmacia. Para mi sorpresa cuando llego solo quedaban de los rollitos individuales. Voy a otro establecimiento y logre conseguirlo, pero la góndola estaba a punto de vaciarse. ¿Para qué tanto papel sanitario? Es difícil de entender cuando se trata de un virus que no daña el estómago. Es un miedo exagerado.

Y vemos en Facebook (estoy segura de no soy la única que lo observa) tantos y tantos memes y noticias sobre el Coronavirus, todos con un tinte de terror. Claro, no faltan aquellos llenos de gracia que, sin duda, nos hacen soltar una risa. ¿Por qué? Porque somos naturalmente sociables. El ser humano no puede vivir solo.

Como si no fuera suficiente, el chat de padres de la escuela de mi hijo estaba inundado con advertencias y recomendaciones para protegernos. Sin duda todas desde la buena fe de que estemos bien. ¿Por qué? Porque el deseo innato del ser humano es de cuidar a su prójimo.

Es curioso, este virus vino a "aislarnos" para no contagiarnos. Sin embargo, en la Kabbalah aprendemos que todo tiene un sentido más profundo. Lo que indica el cuerpo es lo mismo que manifiesta el alma, solo que desde una comunicación esotérica.

Entonces, la razón verdadera del "aislamiento" es para **curarnos del miedo.** Como sociedad llevamos siglos viviendo a través del miedo. Ese miedo a quedarnos sin trabajo, a morir, a perder la pareja o los hijos, a no tener sustento, al jefe, al cónyuge, al prójimo. ¡Tantos miedos!

No nos damos cuenta que cada día que tenemos es un milagro de vida. Todas las cosas que tenemos vienen del cielo, no hay ni una sola que venga de nosotros.

¿En realidad piensas que el miedo a morir es por contagiarte con este virus? La realidad de la muerte está todos los días de nuestra vida. ¿En realidad piensas que por que el Gobierno haya cerrado tu lugar de trabajo por el tiempo requerido vas a perder tu dinero o tu empleo? La realidad es que quedarte sin trabajo es una realidad que puede ocurrir en cualquier momento. Por otro lado, te notifico que el dinero que recibes ya está estipulado en el Cielo. Por más que trabajes lo que obtendrás es lo que toca.

Como vimos al comienzo, nuestro cuerpo busca una seguridad. El reflejo del alma es también buscarla, pero es espiritual. Según el cuerpo busca alimento, el alma busca nutrirse espiritualmente.

Aquí entramos en los Miedos exagerados. No nos damos cuenta de que nos estamos dejando llevar por una energía absolutamente destructiva, cuya actitud se demuestra en acciones egoístas. Es no pensar en el prójimo a la hora de llevarte alimentos que tardarás más de un mes en consumir, o dejar a los demás sin papel higiénico por llevarte tantos que sin duda tardaras varios meses en terminarlos, entre otras cosas.

Vemos el miedo escondiéndose entre las buenas acciones de información y conciencia hacia los demás. Sin embargo, llevan una tinta de miedo y de preocupación de gran carga ya que hay una saturación de mensajes.

La Kabbalah nos enseña algo muy básico: el amor viene de la energía divina; el miedo de las energías de la oscuridad.
Sin embargo, la manera en que trabajan las energías negativas es en verdad alucinante porque nos muestra lo que tenemos que arreglar: nuestro miedo.
No hay mejor momento que el Presente. Entonces, aprovéchalo de manera consciente. Restringe tus temores, actúa de manera contraria a la forma egoísta en que te ves tentado a actuar. Utiliza este tiempo (como dijeron en el chat de padres) para hacer cosas con tu familia y salirte de la rutina. Pero también para lo más importante: verte por dentro y escucharte hacer conexión con tu Dios interior.

Dios se encuentra en el corazón de cada uno de nosotros. Lo que sucede es que a veces ese espacio es muy pequeñito porque nunca le hablamos. Trabaja para que se convierta en un palacio. Cuando hagas esto te darás cuenta de que habrás vencido tus miedos.

Te invito a que veas en mi página de YouTube "Kabbalah para mí" el video "Vida diaria y Kabbalah: el coronavirus". Allí te explico un poco más sobre la parte esotérica.

Es mi deseo que seamos seres humanos felices, sociales, llenos de alegría y de un dar y compartir exaltado hacia nuestro prójimo. Esto que redunda en honrar a Dios y dejar bien atrás los días del miedo.

DE AQUÍ Y DE ALLÁ

*Qué hermoso es nuestro tiempo*
(Escrito en los tiempos del Covid-19)

No cabe duda que toda esta situación mundial nos ha traído TIEMPO. Pero tiempo de calidad, de pensar, internalizar y de observar. Observar todo lo que está dentro de nosotros que hacía mucho no mirábamos. Observar el medioambiente, que tampoco lo veíamos con detenimiento. Tiempo para pensar en los caminos que andamos y si estos nos están haciendo felices o no. Tiempo para replantearnos a qué vinimos a este mundo. ¿Cuál es mi misión? ¿La estoy desarrollando? Sin duda no puede ser solo trabajar y traer dinero a la casa. Sin embargo, te estás dando cuenta de que no te hace ni remotamente feliz.

Y es que nunca se trató de trabajar por trabajar, hacer dinero por hacer dinero, tener más solo para aparentar o para tener una fugaz alegría por algo material que tan pronto lo obtienes ya quieres otra cosa.

Nosotros somos mucho más. Entre cosas, somos ese cumulo de tiempo que dedicamos aquí en la Tierra.

La Kabbalah nos enseña que cuando partimos de este mundo, suceden dos cosas:
Como sabemos, el cuerpo se queda en la tierra, se hace polvo. Entonces, para entrar en los cielos somos investidos con otro tipo de vestidura. La misma está hecha de todas las virtudes y las acciones que hemos tenido en la tierra. En hebreo se les conoce como *mitzvots* o preceptos y son todos los buenos pensamientos, palabras y acciones que hemos tenido hacia los demás.
Si nuestro tiempo en la tierra no fue utilizado para ayudar a nuestro prójimo en cada oportunidad que tuvimos ni adiestramos nuestros pensamientos hacia el amor (esto se logra a través del estudio de la sabiduría), entonces sucederá que no tenemos la vestimenta para entrar a los cielos. Como imaginarás, eso causaría un gran dolor a nuestra alma. Y nos

regresarán a la Tierra para hacer lo que no hicimos. Bajamos convencidos de que esta vez sí lo vamos a lograr y no siempre es así. Pero sucede que esta cadena de reencarnaciones tendrá su fin y el tiempo que antes teníamos ya no existirá. Nos quedaremos con una vergüenza tremenda y una duda infinita si habríamos sido capaces de lograrlo.

Comprende que cada día que pasa en el que no te esfuerces por ser humano es una vestidura menos que tendrás. Vivir como animales -esto es de forma reactiva- dándole paso a nuestro ego, alimentándolo con la emoción del miedo que traen los disfraces de orgullo, avaricia, egoísmo, no nos trae ninguna vestidura de Luz.

También sucede que cuando dejamos este mundo nos preguntan: ¿Qué hicimos con nuestro tiempo? Si partieras ahora, ¿Qué contestarías? Es posible que tu respuesta, en la presencia de Dios, te resulte insípida y vacía que no vas a saber que contestar. Me preguntarás, ¿cuál sería la contestación correcta? El *Zohar* (el libro de codificado de la Tora) nos da la respuesta. El estudio de los Secretos del Cielo; esto es el estudio de la Kabbalah. Sin este tampoco podemos entrar al Cielo. ¿Por qué? Cuando invitas a personas a tu casa, ¿son conocidas? Me imagino que por regla general así resulta. Puede llegar alguien nuevo, pero acompañado por alguien que sí fue invitado. Así que esa persona se unió a la correcta para entrar a ese hogar. Veamos otro ejemplo: Cuando nos mudamos de país, y hasta de continente, ¿tenemos que seguir unas nuevas costumbres o reglas? No hay duda al respecto. De hecho, si no nos acomodamos a ellas terminaremos marchándonos del lugar porque no resulta compatible para nosotros.

Pues lo mismo sucede con las Regiones Superiores. No puedo ser invitada al Palacio de Dios si antes no me he hecho su amiga. No puedo vivir en las Regiones Celestes si antes no aprendo las reglas ni las viví satisfactoriamente.

No puedo porque no conozco ni al anfitrión ni las reglas del lugar. Por lo tanto, tan poco tengo las vestimentas necesarias para entrar.

Así que ya ves la importancia de nuestro TIEMPO.


Alégrate y llénate de felicidad porque este virus nos está dando la oportunidad de ver dónde estamos ubicando nuestro TIEMPO. Créeme cuando te digo que estos días y semanas valen ORO DE 24 QUILATES CON TODOS LOS BRILLANTES DEL MUNDO.

## DE AQUÍ Y DE ALLÁ

*Y seguimos en cuarentena, ¡qué ansiedad, qué desesperación!*
(Escrito en los tiempos del Covid-19)

Bueno amigos, seguimos recluidos en nuestras casas. Veo a través de las redes sociales y de algunos de mis vecinos cómo muchas personas empiezan a desesperarse.
Fue curioso, ayer en la tarde el parque se empezó a llenar peligrosamente de gente, unos con sus perros otros para hacer ejercicio. Sin duda es porque ya empezamos a sentirnos encerrados.

Sin embargo, estamos en nuestras casas. Se supone que estemos felices de tener nuestro hogar y vivirlo. Resulta muy curioso que hemos hecho de todo para ser propietarios de un hogar que nos gusta tanto. Pero cuando lo tenemos y lo arreglamos a nuestro gusto nunca estamos en él, solo lo usamos para dormir. Claro, tenemos la excusa del trabajo. Luego nos escudamos en todo lo que hay que hacer durante el fin de semana por culpa del trabajo. Cuando venimos a ver tenemos todo nuestro tiempo ocupado y para nada es en la casa.

Esto es lo que vemos en el aspecto físico y material. La Kabbalah nos enseña que nuestro mundo físico es solo el uno por ciento de nuestra realidad. Además, es un reflejo de lo que está pasando en los mundos del alma con la vida de nuestra alma.

Entonces, ¿cómo puedo ver todo esto a nivel espiritual?

Nuestra casa representa nuestra alma. Nuestro deseo más íntimo (subconsciente) es tener un alma llena de toda la energía Divina, así como lo vivimos en el Jardín del Edén. Eso se refleja en cómo adornamos y amueblamos nuestro hogar. Pero luego sucede que como no conocemos de forma consciente el lenguaje del alma, no la tratamos. De hecho, vivimos como si ella no existiera en nosotros y eso se refleja en lo poco que estamos en nuestro hogar.

Estos tiempos nos están enseñando que ya es hora de hacer un ALTO; a entender que la manera en que estábamos viviendo ya NO nos resulta porque nos enferma. Llegó la hora de darle prioridad a nuestra alma y a los asuntos del Cielo.

Tanto el cuerpo como el alma son importantes porque sin uno el otro no puede existir en este mundo. Sin embargo, hay unas diferencias importantes: el alma es infinita, sigue viviendo por la eternidad; el cuerpo se vuelve polvo.

¿Cuál es el peligro de no alimentar el alma?

Una persona que no alimenta su alma se desesperará y tendrá miedo por todo. De ahí la ansiedad, porque no tiene certeza de un futuro. ¿Por qué no hay certeza de un futuro? Precisamente porque toda su energía y creencia la puso en el mundo material, el cual -como dijimos anteriormente- deja de existir literalmente de un día para otro y se vuelve polvo. Entonces, ¡claro que te llenarás de ansiedad y de desesperación si no sabes cuándo acabará todo!
Ahí radica la importancia de poner creencia y certeza en los mundos del alma. Ellos explican su funcionamiento y el de nuestro mundo.

Otra ventaja de los mundos del alma es que fortalece el sistema inmunológico. La energía Divina no carece de nada; tiene toda la SALUD que podamos desear. Esto se traduce en SALUD Y

## DE AQUÍ Y DE ALLÁ

VIDA en todos los aspectos de nuestros sucesos: el alma, el cuerpo, los negocios, las parejas, las relaciones con los hijos, las amistades y los compañeros.

Como ves, todo nuestro entorno nos habla de nuestra alma. Por ejemplo, una persona que es *holder,* que no bota nada y su casa parece un basurero, así mismo está su alma. Es un alma pobre, que interpone todo entre ella y el Creador para alejarse de ÉL.

Te propongo que analices en qué nivel está tu alma. Sin miedo, mira tu entorno y hacia dentro de ti. Busca tu alianza con Dios. Comienza a estudiar la Kabbalah o la sabiduría que llene tu alma e involúcrate en ella. Ahora bien, asegúrate de que esa sabiduría te conectará directo con la energía Divina.

Te pregunto: ¿Cómo te sentirías si tus hijos, sobrinos, amigos, nietos, compañeros de trabajo o pareja, para comunicarse contigo SIEMPRE lo hicieran a través de un intermediario? Esto sin contar que ese intermediario no necesariamente llevará la información correcta ya que no hay ser perfecto, solo Dios es perfecto. Yo, por mi parte, te puedo contestar que me sentiría requetemal. Todo lo tendría al revés, sin duda, ya que la información me llegaría incorrecta.

Dios es una energía infinita, de amor infinito. A veces las cosas nos suceden porque desea que te vuelques hacia ÉL y le hables.

Yo tengo la certeza de que ya la hora llegó, nos toca hablar directo con ÉL, conocer su mundo y su energía. ¿Qué esperas? ¡Empieza hoy!

Como ves, todo este tiempo hemos estado viendo las cosas de forma equivocada. Así como la alegoría de quedarnos en nuestras casas y ver lo que somos por dentro, ya no podemos huir de nuestra alma.

Despídete de la desesperación y de la ansiedad.
Haz introspección, ve en qué punto de tu vida estás, sé sincero, realiza los cambios correspondientes. Dile NO al miedo y SÍ al amor. Empieza a existir para los demás seres humanos. Haz una oración por el mundo. Habla con Dios desde tu corazón.

# DE AQUÍ Y DE ALLÁ

*¡Qué rico es viajar!*
(Escrito en los tiempos del Covid-19)

Viendo Facebook observo que un amigo escribe: "Antes del Covid-19 recuerdo las publicaciones de las personas estableciendo que viajar es una alegría real. Pero, ¿esto es así? ¿No fue viajar la causa para que se propagara este virus?".

Me pareció un *post* muy interesante. Mi amigo es budista y sus comentarios suelen hacerme pensar. Él para mí es un gran amigo. De hecho, sabemos que nuestras almas se conocen desde hace muchas vidas, de ahí la sinergia tan sabrosa.

La Kabbalah nos enseña que todo depende de nuestra conciencia. Donde ella esté, ahí estaremos. Si tenemos una conciencia de plenitud, nuestro entorno será pleno. Si manifestamos una conciencia de carencia, esta se reflejará en nuestros sucesos de vida.

Esto me lleva a las siguientes fórmulas:
Conciencia + Ego (Conciencia de Oscuridad) = Sucesos de vida con caos
Conciencia + Conciencia Divina = Sucesos de vida con paz, amor y salud
Así que todo depende de cómo lo mires, (como dice la canción de la agrupación Jarabe de Palo). ¿Cuál es tu conciencia ante la vida, específicamente en nuestro tema que ahora nos toca, que es sobre los viajes?

No cabe duda de que a la mayoría de nosotros nos gusta viajar. A mí personalmente me encanta. De hecho, me hubiera gustado ser piloto de avión. Pero, ¿cuál es la conciencia que tenemos cuando nos montamos en un avión, barco o tren; cuando viajamos tanto de vacaciones como de trabajo?

## DE AQUÍ Y DE ALLÁ

Ya hemos hablado que todo lo que viene a nuestra vida es por causa y efecto y tiene una razón de ser. Nada, absolutamente nada, es por casualidad. Por lo tanto, tampoco hay errores. Entonces, cuando viajamos no es la excepción. Bien sea por vacaciones o trabajo, ese viaje que hacemos tiene una razón de ser. Si te fijas, todas nuestras situaciones involucran a otras personas. Esto es porque es la manera que tiene el Cielo para llevarnos a hacer nuestra corrección (*tikun* en la Kabbalah o karma).

Los viajes son la oportunidad que tenemos para influenciar al medioambiente y a las personas que se nos acercarán, las cuales son parte de nuestro mapa de vida.
Entonces cobra una importancia vital cada ser con quien tengo contacto. De igual manera, llevar nuestra energía a otro país es importante, así como la energía que recibimos de ese destino. Recuerda que somos 99 % energía.

Es muy fácil que entremos en la energía egoísta de alegría solo para nosotros mismos y /o en la del poco aprecio por el regalo de poder movernos de un país a otro. Todos lo hemos hecho, porque no somos conscientes de lo mencionado anteriormente. Pero, poco a poco, los tiempos van cambiando y nuestra conciencia va ampliándose.

¿A dónde nos lleva esa ampliación de conciencia? A que somos UNO.

Tratemos con amor a esos empleados del aeropuerto, al que se nos sienta al lado durante el viaje, al que conocemos. Dejamos emociones de amor, paz y alegría en ese país, nos llenamos de su energía, agradezcamos al Cielo la oportunidad de esa experiencia. Lo mismo si el viaje es de trabajo, porque todas esas personas y experiencias soy YO.

# DE AQUÍ Y DE ALLÁ

Como dice mi amigo:" Mi punto es simple: no hay nada en el mundo que nos haga felices, excepto la paz interior". Esto sin duda es así. Esa paz interior comienza adiestrando a nuestra conciencia en pos del Amor y la Unidad, primero hacia el Cielo y luego hacia el prójimo.


Pero, Mimi, ¿primero el Cielo y luego el prójimo? ¿Acaso no sería al revés? Después de todo el prójimo está más cerca que el Cielo. La Kabbalah nos enseña que nuestro mundo por sí mismo no tiene nada, todo lo recibe de los mundos superiores. La raíz y la fuente del amor se encuentran en la Luz Infinita. Si no conectamos con la energía Divina no es posible amar a nuestro prójimo. Por eso vemos cómo hay personas que son poco sociables y solo aman a su mascota (si acaso) y otros que se preocupan por hacer bien para sus semejantes.
Si el amor fuera de este mundo, todos nos comportaríamos en amor.


Viajar es expandir nuestra energía de un lugar a otro. Muchos sabios viajaban, precisamente, con la conciencia de llevar la Luz Divina y el estudio de la doctrina sagrada (Kabbalah) a otras personas, siendo este dar y compartir lo más exaltado que existe, un gran regalo. Por ello debemos apreciar cada vez que nos desplazamos de un lugar a otro sin importar la razón.

Hoy día viajamos y contaminamos con nuestra energía egoísta los países y las personas que visitamos. Esto, amigos míos, es más que claro. Pero ya no más. Ahora sabemos que el conocimiento nos permite vivir de forma correcta.


Pronto todo esto terminará, y volveremos a viajar, que ¡rico! Y ahora desde una nueva conciencia.

DE AQUÍ Y DE ALLÁ

*Hoy sentada en mi balcón...*

Hoy sentada en mi balcón estaba mirando enamorada a Bridget (mi perrita) y a Isis (su compañera gata). Qué rico que se sentía estar con ellas, no me podría imaginar vivir sin ellas (y por supuesto sin mis hijos, pero ahora me quiero concentrar en los animales).
Me encantan los animales. Me imagino mi porción del Jardín del Edén rodeada de leones, leonas, pumas, tigres, lobos, osos, jirafas y koalas... Bueno, creo que ya cogiste la idea. Pienso y siento que no me equivoco cuando digo que Dios los creó para darnos alegría.
Nos enseña la Kabbalah que en el Jardín del Edén, antes del pecado del Adán (cuando aún vivíamos en ese planeta) los animales eran como ahora somos nosotros (los humanos), nos comunicábamos con ellos, nos obedecían y no eran agresivos. ¡Imagínate eso!
Pero luego, bajamos a este planeta y todo descendió de nivel, incluyéndonos, y así todos los mundos con los que nos relacionábamos en el Jardín del Edén: el mineral, el vegetal, el animal y nosotros el parlante. Todos fuimos contaminados con las energías de la oscuridad y nos convertimos en lo que ahora ves.
Los animales nos hacían compañía y hoy día sigue siendo igual. De hecho, para muchas personas tener una mascota es una terapia emocional importante.
Ellos nos ayudan a desarrollar un sentido emocional altruista ya que se les ama incondicionalmente.
Y aquí es que quiero expandirme un poco, en la importancia de llegar al amor altruista. Como sugiere el término, es de las alturas y no de este mundo, que en la Kabbalah llamamos el "mundo de abajo". El amor altruista no está pegado al ego, tampoco condicionado a recibir para entonces dar.
Todo lo que vivimos, todas nuestras situaciones y pruebas son precisamente para llevarnos a lograr este tipo de amor. Ahora, solo lo vemos a través de una madre hacia su hijo, con un amigo y en el amor que profesamos hacia los animales. Pero

un buen día todo esto cambiará. El lado de energía de oscuridad va a desaparecer por 1,000 años (estas energías también tienen que hacer su transformación) y nosotros entraremos en una era en la que todo será dirigido a este amor. Y será amor por toda la humanidad.

La oportunidad que ahora tenemos es, precisamente, poderlo lograr a través de los obstáculos, de las energías negativas, lo que es un gran mérito. Luego todos lo obtendremos y el mérito ya no existirá.

Te propongo no solo que tengas tu mascota y empieces a prodigar este tipo de amor, sino que lo lleves a todo tu entorno. No te conformes con solo amar a tu familia inmediata, sino también a tu enemigo.

¿Por qué amar a tu enemigo? Porque es difícil, te saca de tu zona cómoda y te ayuda a romper la cascara (*klipot* en la Kabbalah) que no permite llegar al amor altruista. Veras, tu enemigo es en realidad tu gran amigo porque te obliga a trabajar esa *klipa* para tu bienestar espiritual.

Espiritual, así mismo. Esto no lo podemos ver desde la perspectiva de la razón (los cinco sentidos) porque no lo entenderíamos. Como expusimos, este amor no es de este mundo. Sin embargo, es el amor que vinimos a aprender a prodigar.

Te cuento un secreto de la Kabbalah: cuando tengas una relación difícil con alguien, simplemente mira con amor, no pelees. Luego puedes dar tu opinión, si ese fuera el caso. Lleva la situación con humildad, sabiendo que todo viene de la Luz para TU corrección, y no te ubiques en la emoción del orgullo, que solo trae discordia y desunión. Por lo tanto, nada bueno aporta.

Mientras escribo estas líneas, sentada en mi balcón, estoy rodeada de Bridget y de Isis, tengo alegría y tranquilidad en mi corazón. Lo mismo deseo para ti.

## ¿Cómo te sientes?
(Escrito en los tiempos del Covid-19)

Estamos en la era del aislamiento, algunos trabajamos desde la casa y otros están sin trabajo. Para cada cual es una realidad distinta. Unos están solos, otros solos con sus parejas y otros solos con sus hijos. Así a cada cual Dios lo ha puesto con lo que tiene que vivir.

Justo estamos viviendo el tiempo del Omer. Para la Kabbalah son 49 días que comienzan justo después del segundo día de Pesaj y marcan el camino hasta el número 50, cuando se entrega la Tora en el Monte Sinaí. Cada dia se caracteriza bajo el reflejo de cada dimensión del Árbol de la vida que nos ayuda a prepararnos para recibir la Tora.

En términos de nuestra vida diaria, el Omer nos confronta con un suceso particular, pues cada día viene con una energía específica. No es necesario saber cuál trabajar. Lo más importante es estar atentos a lo que debemos enfrentar. Tenemos que trabajar con las situaciones que se nos presentan desde la emoción más sencilla hasta la más complicada.

Ahora bien, es curioso que este Omer lo tenemos que pasar aislados. Es decir, con los parientes con los que vivimos o con nosotros mismos.

Si estás solo, es evidente que la tarea que Dios te envía es trabajar contigo mismo. Conocerte y amarte más, comunicarte con Dios. Notarás que te llegarán diferentes pensamientos cada día, anótalos y trabájalos. Cada día tiene su propia inteligencia y energía, por lo tanto, solo tienes ese día para poderlo ver y trabajar.

En el caso de los que viven con otros, vamos a notar cómo salen las situaciones que nos molestan o que tenemos que empezar a ver de manera diferente. Seguramente las habrás enfrentado antes, pero en aquellas ocasiones no le hicimos el caso suficiente, las ignoramos. Sin embargo, el Cielo nos dice: "¡Hey, oye, arregla esto ya!".

¿Por qué es tan importante trabajar con nosotros mismos y en la relación que tenemos con los demás? Si te fijas, no tienes paz

porque no escuchas a tu alma y, por ende, no la trabajas. Te dejas llevar únicamente por las necesidades de tu cuerpo. Esta forma de vivir nos aleja de la paz.
Aprovecha las energías que ahora están cayendo en el mundo, que solo son perceptibles para el que tiene la conciencia de trabajarlas. Es un regalo divino para mostrarnos el camino en pos de lograr una mejor vida.

Nuestra familia es el entorno directo que tenemos. Si las cosas con ella o con nosotros mismos no andan bien, tampoco lo estará nuestro entorno, entiéndase trabajo y demás relaciones. No desaproveches este tiempo en cosas banales, de eso ya has tenido suficiente. De todas estas horas ocupa un tiempo para tu alma. Si estás con otras personas en tu casa, exige un espacio para ti en el que no seas molestado. Piensa en cómo ha sido tu día, qué emociones experimentaste, qué decisiones tomaste.
El otro día vi un meme en Facebook. Era el de una madre y cómo los ocupantes de la casa la mantenían todo el tiempo cocinando y fregando. Fue gracioso, pero en verdad es muy triste y es un buen ejemplo de lo que tal vez tengamos que trabajar.
Todo en nuestra vida viene con un balance. Si me inclino hacia la bondad extrema, estoy mal porque no hago lo que tengo que hacer por complacer a otros, tampoco dejo que aprendan lo que tienen que hacer. Si soy muy rigurosa no dejo a los otros respirar ni respiro yo. Muchas veces estamos en un desequilibrio. No lo vemos porque es el comportamiento "normal" que hemos llevado. Sin embargo, ese comportamiento "normal" nos puede enfermar o simplemente llevarnos por un camino en el que no hay alegría ni paz.
Te exhorto a que observes con cuidado tus pensamientos, tu hablar, tus emociones, las decisiones que tomas. Sé consciente del regalo de energía Divina que tenemos y proponte ser un mejor ser humano.

DE AQUÍ Y DE ALLÁ

## *La gran guerra: el miedo versus el amor*

En esta era del Covid-19, en la que todos estamos aislados en nuestras casas, podemos notar que la tónica ha sido una campaña masiva de miedo. Tan sorprendente, presente en todos los medios de comunicación y redes sociales; durante el día, en la tarde y por la noche, sin parar.

¿Por qué?

Déjame contarte una historia. Desde nuestro origen, cuando estábamos en el planeta del Jardín del Edén, tuvimos una relación nefasta con las energías de oscuridad. Nos atrajeron mezclando una verdad con una mentira y caímos presos de este cuerpo sin saberlo manejar. Nos liberamos de esta situación cuando recibimos la Tora en el Monte Sinaí con Moisés. ¡Qué alegría! Logramos ahí mismo la redención; pero, la misma nos duró poco. Las energías oscuras volvieron a hacer la batalla y aunque no ganaron del todo (porque ellos querían que desapareciéramos del mundo), sí nos quitaron la redención. En ese momento, ¿cómo lo lograron? La Kabbalah los llama los "erev rav" (la multitud mixta), eran magos egipcios que salieron junto con el pueblo israelita porque deseaban saber cuál era el nombre inefable de Dios que Moisés usaba para hacer sus milagros. Estos "erev rav" hicieron creer al pueblo que su líder, Moisés, había muerto en el Monte Sinaí ya que, según parecía, no bajó del monte a la hora predicha. Y pusieron en la mente de ellos la imagen de su líder muerto. Aunque los israelitas no participaron físicamente en la construcción ni de la fiesta del becerro de oro, sí hicieron el corto circuito en sus cabezas.
En esta historia, que está muy resumida, podemos notar varias cosas:
Cómo trabaja el miedo - Creando imágenes en nuestra cabeza. Luego resulta difícil deshacernos de ellas porque llegamos a pensar que son parte de la realidad.

Esas imágenes de miedo nos crean dudas - No nos permiten ver con claridad las situaciones y, por lo tanto, tomamos decisiones incorrectas. La duda es lo contrario a la certeza. El miedo genera duda; la duda, cobardía - La cobardía nos petrifica y nos mantiene en un *status quo* de cero acción. Por lo tanto, me quedo en una nada en la que anulo todo crecimiento espiritual. De hecho, voy para atrás en mi camino espiritual.

Entonces, no hemos rectificado la situación del becerro de oro. No nos hemos zafado del miedo. Tenemos miedo por todo, dudas por todo, nos hemos vuelto cobardes y no nos atrevemos a lanzarnos a ese nuevo trabajo o a dejar a esa pareja que nos hace infelices. Hacemos películas en Hollywood sobre la destrucción del mundo y así reflejamos los miedos que tenemos a ser destruidos. Porque todo refleja esta guerra entre el miedo y el amor.

¿Cómo esto nos afecta ahora?

Diariamente tenemos miles de pensamientos negativos. Si los sumamos con toda la población mundial, ¿cuántos surgen diariamente? ¿A dónde se dirigen? Por supuesto, tienen que ir a algún lado, nosotros somos energía. Se quedan sobre el planeta como una gran nube negra, que daña los mundos mineral, vegetal y animal. Como este mundo es regido por la Ley del universo de causa y efecto, todos esos pensamientos negativos nos llegan de golpe como un *boomerang*. Esto es que lo que ahora vivimos con el Covid-19.

¡Todo esto es muy bueno! Verás, la Kabbalah nos enseña que todo pasa por un motivo. Entonces, ¿cuál sería la razón del ataque de miedo al que estamos siendo sometidos? Que lo podamos superar.

Vinimos a este mundo con el poder de superar las energías negativas. Cuando superamos nuestros miedos ocurre algo increíble: transformamos toda esa oscuridad del miedo en la luz que caracteriza al amor. Esta es la razón de haber venido a esta tierra.

La oportunidad que se nos presenta es muy importante: debemos superar nuestros miedos. ¿Cómo? Estudiando los secretos del cielo, la Kabbalah y meditación kabalista; levantarnos de madrugada a estudiar el *Zohar*, hacer *hitbodedut* (plegaria íntima con Dios); orar, dar y compartir (nuestro tiempo, talento y dinero). Solo el conocimiento quita el miedo, porque el conocimiento da la certeza de los procesos divinos.

Pero, ¡ojo!, solo el esfuerzo conlleva recompensa. Así que involúcrate y no te sueltes. Recuerda que las energías oscuras no quieren que entres en estos caminos.
¿Sabes algo? Si nosotros hiciéramos tan bien el trabajo como estas energías oscuras hacen el suyo, ya hace rato estaríamos viviendo en un paraíso, en un mundo de paz.
Sé listo y no te dejes engañar por las dudas y los miedos que llegan a tu cabeza, ¡combátelos! ¿Cómo? Da y comparte exaltadamente. Solo hay tres cosas que podemos dar y compartir: tiempo, talento y dinero. Observa conscientemente dentro de tu ambiente las personas que Dios te pone de cerca para compartir. ¡Y hazlo! La acción de dar amor en su estado puro aleja todo pensamiento de miedos y dudas. En adición, te da claridad mental para tomar las decisiones correctas.

Nuestra misión vivir en amor, ¡tú puedes!

## DE AQUÍ Y DE ALLÁ

### *Bienvenido al clan*

Somos muchos, y me incluyo, que llevamos años sin tener una pareja romántica. Vemos por ahí cómo otros tantos la tienen, buena o mala; o simplemente están resignados.

¿Esto es bueno o malo? Realmente ni lo uno ni lo otro. Simplemente es por una razón: es parte de nuestro crecimiento. A algunos nos toca crecer a través de la pareja y a otros solos por un periodo de tiempo. Indistintamente, el proceso siempre es perfecto.

Para los que pertenecen a mi clan, sin duda, surgen momentos en los que desean compartir con alguien. La verdad es que a medida que el tiempo pasa y más nos adentramos en nuestro crecimiento de alma, mayor es el deseo de tener una pareja. Compartir, esa es la palabra clave. Observa esto, por lo general cuando tenemos un interés romántico lo primero que deseamos es ver qué esa persona tiene para darme y eso no está mal. El problema es que nos quedamos en esa etapa, solo en el recibir.

En este proceso de aprender a amar pasamos por varias etapas:

Solo recibir – Doy cariño mientras mi carencia sea satisfecha, cuando no la ruptura ocurre. El tiempo que dura la relación es muy feliz porque ambos están recibiendo lo que quieren. Esta es una relación de pareja 100 por ciento egoísta.

Cuando solo doy para recibir – Muchos están en este nivel. Es un acondicionamiento de dar algo siempre y cuando reciba lo que necesito. Esta pareja sigue siendo tan egoísta como la primera, solo que finge tener algún interés. El resultado es de infelicidad porque, como ves, hay una gran hipocresía y se siente una eterna decepción. ¿Cómo saber si estoy en este tipo de relación? Porque una de las partes de la pareja estará reclamando más todo el tiempo. Lo que el otro le da parece nunca ser suficiente.

Solo doy – Cuando doy por dar, sin pensar en lo que la persona realmente desea. El único interés en esta relación es dar y dar. Se manifiesta la alegría que se siente en el brindar desinteresadamente, pero tarde o temprano termina en un desgaste pues no hay equilibrio. Y lo que es peor, puede darse el síndrome del pan de la vergüenza. Este surge cuando la persona que recibe no es recíproca con la que da y, literalmente, su alma se "desborda" de tanta energía. Entonces, la parte que recibe se la pasa peleando por tonterías (esto no solamente se ve en las parejas sino también entre padres e hijos).¿Qué hago si esto me está pasando? Busca tu equilibrio, permítete recibir.

Recibo para dar – Este es el amor en equilibrio perfecto, ya que recibo solo para darle la satisfacción a la pareja de que pueda dar. Me permito el recibir y al hacerlo la otra persona está dando de la misma manera en que doy. Así se convierte en una sinergía perfecta de recibir para dar. Esta pareja logra la felicidad *porque tiene el mutuo deseo de beneficiar al otro.*

Todos pasamos por estas cuatro etapas. Llegar a la última toma tiempo y para algunos en una vida no llega. Por eso es bueno que luego de acabar una relación tomemos nuestro tiempo para entender lo que de verdad está sucediendo dentro de nosotros. No es para echarle la culpa al otro, este tipo de pensar nos desgasta y está totalmente equivocado porque somos espejos los unos de los otros. Esto significa que voy a atraer a una persona solamente por la energía que sale de *mí*. Si estoy en el primer nivel voy a atraer a alguien igual. Y así sucede en los demás.

Lo que me lleva a mi clan, en el que todos estamos aprendiendo a estar en una relación con nosotros mismos. En realidad esto es un gran regalo del Cielo, ya que estar solos nos permite conocernos mejor, hacer crecer nuestra alma y limpiarnos de nuestro ego. Así nos construimos por dentro de manera que logremos ser una persona completa. ¿Qué es una persona completa? Aquella que se siente feliz escuchando su ser interno, que no tiene miedo de escucharse ni de analizarse. Teniendo lo que tiene ya es feliz.

Si necesitas de alguien para encontrar tu felicidad, todavía te queda trabajo. Si entras en una relación esperando que la otra parte te dé la felicidad tanto has esperado, le estaremos poniendo una carga sobre sus hombros que es imposible de llevar. Nadie tiene la capacidad de dar felicidad a otra persona.

La felicidad solo se encuentra en el interior de cada alma cuando logra subir a los niveles superiores del Cielo para poder atraerla. Entonces, no se puede conseguir sino es con trabajo y estudio espiritual. La felicidad que se logra es interna, que no importa lo que suceda en el exterior siempre te sentirás bien.

Exhorto a todos los amigos de mi clan a que si ya sienten que todo su ser está listo para tener una relación de pareja, en la que puedan recibir y compartir, abran su corazón y su mente para que esa persona llegue a su vida.

¿Cuál fue el único mandato que Dios le dio al hombre cuando bajó a la tierra? "Crece y multiplícate". Este mandato es uno de amor, de amor de pareja. Si fuera bueno que el hombre o la mujer estuvieran solos, entonces nuestra historia en el Jardín del Edén se hubiera escrito diferente.
Nuestro crecimiento espiritual comienza muy dentro de nosotros. Luego, ese amor transciende a Dios y después de que le amamos se despliega hacia nuestro prójimo.

¿Quién de ustedes ya está listo? Yo, por mi parte, ya estoy lista para comenzar una nueva etapa en vida.

# DE AQUÍ Y DE ALLÁ

## *¿Cuál de todos es mi disfraz?*

Sabrás que vivimos en un mundo que, igual que las monedas, tiene dos caras: la del amor y la del miedo. Esta última es muy interesante porque, por un lado, se deja ver constantemente. Por el otro hacemos de todo para poner las excusas correspondientes para darle validez.

Al reafirmar a ese miedo sucede otro fenómeno muy interesante: nos ponemos un disfraz que nos otorga una serie de sucesos en nuestra vida cuyo factor común es el caos y soledad. Del caos se desarrolla el sufrimiento porque los sucesos nos vienen a destiempo y en desorden. De la soledad se desarrolla la depresión pues nos sentimos tan solos que no tenemos consuelo.

Entonces, estos disfraces nos llevan por el 'camino de la amargura'. Veamos cuáles son:

La ira - ¿Te has preguntado alguna vez por qué sufrimos de ira? Cuando tenemos ira hacia alguna persona es porque no actuó ni habló de la manera en que pensábamos lo haría. Este disfraz resulta muy perjudicial por varias razones. La primera es porque provoca una total desconexión con la energía divina. ¿Te has fijado que después de tener un intercambio violento con alguien te sientes vacío por unos minutos? Es que sacaste toda la divinidad de tu ser. Si eres una persona que se preocupa por hacer un trabajo espiritual, lo pierdes y tienes que empezar desde cero.

Lo segundo, te ganas un nuevo demonio que se adhiere a ti como si fuera una segunda piel. Esto surge cuando, en medio de la ira, tiramos objetos al piso o hacia una persona. Ese ser buscará continuamente hacerte caer en ira, cada vez más fuerte, para poderse alimentar de esa energía.

El control - Todos hemos manipulado alguna vez. Es querer tener el control de los demás y de sus decisiones. ¿Por qué este disfraz? Por miedo al futuro. Sentimos inseguridad e incertidumbre hacia lo que nos traerá lo venidero. El problema con ser controlador es que al final nos quedamos solos, pues nadie aguanta a una persona manipuladora. Terminamos sumergidos en ese futuro solitario al que tanto tememos.

El juicio - ¡Ahhh, este es nuestro becerro de oro! Todo el tiempo nos la pasamos haciendo juicio, casi es parte de nuestro hablar. Muchas veces no tenemos nada importante qué decir y nos dedicamos a criticar a los demás. El juicio, inevitablemente, desemboca en chisme, envidia y mal de ojo. Sin embargo, este disfraz es muy favorable para conocernos a nosotros mismos ya que nos convertimos en espejos los unos de los otros. Cada vez que criticas y enjuicias a alguien en verdad te estas enjuiciando a ti mismo, ya que yo no puedo ver en otro lo que tú no tienes. ¿Me comprendes? Solo puedo reconocer lo que yo misma tengo. Lo que no tengo, simplemente, resulta invisible a mis ojos. ¿Por qué este disfraz? Porque nos creemos mejor que nuestro semejante. El problema es que traemos a nuestra vida todo el juicio que hemos hecho a los demás. Podrás decirme: "Mimi, he tenido razón en criticar a algunas personas porque es claro que lo que hacen es incorrecto, ya que traen problemas a su vida". La realidad es que lo estás viendo con los cinco sentidos y no estás profundizando. La persona a la que se enjuicia tiene una mochila de vidas y de sucesos que no conoces. Ignoras lo que pasa por su cabeza y lo que cobija su corazón. No sabes cómo sus ojos ven la realidad. Lo cierto es que si fueras esa persona actuarías exactamente igual que ella, porque nadie actúa mal a propósito.
No cabe duda de que el juicio es algo que debemos trabajar con mucha conciencia para sacarlo de nuestra boca. Te invito a que hagas este examen de conciencia, te vuelvas perseverante y verifiques lo que sale de tu boca. Verás como tu entorno y los sucesos de vida mejorarán notablemente.

El orgullo - "Yo lo hice", "Yo lo logré" ... ¿Sabes algo? Esto fue lo primero que aprendí cuando comencé a trabajar: mi jefe, que luego se convirtió en mi mentor, me enseñó que en los memos nunca se escribe "Yo". El trabajo siempre es en equipo, uno solo no logra nada. Esto es así es en todos los ambientes de la vida. Este disfraz es muy feo porque uno se pone en una posición superior al otro y no lo mira a los ojos, no confraterniza ni hay empatía, desvaloramos a la persona con tan solo hablarle. ¿Por qué escogemos este disfraz? Porque nos sentimos tan pequeños que no queremos que nadie lo note. ¿Cuál es la consecuencia de utilizarlo? Te conviertes en una persona muerta. ¿Cómo son los muertos? Fríos y están totalmente desconectados de las emociones. ¿Por qué muero en vida? Porque el orgullo es lo más que nos separa de la energía Divina, es absolutamente contrario a Dios.

El odio - Es tan inútil y absurdo que en la Kabbalah lo llamamos "odio gratuito". Cuando nos ponemos este disfraz nos convertimos en personas malhumoradas, agresivas, con conciencia de destrucción y siempre vemos el lado malo de las cosas. Como dicen por ahí, "vemos el vaso medio vacío", nos volvemos poco pacientes e intolerantes.
¿Por qué odio "gratuito"? No hay ninguna razón para odiar a alguien. Todo lo que nos ocurre bajo este Cielo tiene una razón de ser, nada es por casualidad (yo insisto en que esa palabra no debería existir en el diccionario). Todo lo fabricamos a través de nuestros pensamientos (intención con la que hacemos las cosas), nuestra palabra y nuestras acciones, tanto las cosas hechas en esta vida como en la pasada. Todas las emociones positivas o negativas que hacemos sentir a otro las sentiremos posteriormente ya que regresan como un *boomerang*.
No hay razón de odiar a nadie. Si odias, debes preguntarte: "¿Qué yo le hice?". La respuesta se encuentra en lo mismo que estás viviendo.
¿Por qué odiamos? Porque no vemos la energía divina en mi semejante y, por tanto, este disfraz resulta un canal de oscuridad para el mundo, en lugar de uno de luz. Esto es que lo trae es discordia y destrucción (desunión) dondequiera que te presentas.
Hasta aquí, ¿tienes alguna pregunta? A ver, hay una importante: ¿Por qué los llamo disfraces? Un disfraz es algo externo y temporero que me pongo. El miedo no somos nosotros.

Somos seres de Luz Divina. Por lo tanto, el miedo solo es temporero en lo que lo descubro y lo trabajo, no es mi personalidad, ni mi carácter. Es solo un disfraz para que los demás no reconozcan algo que quiero ocultar.
Pero, ¿qué es lo queremos ocultar? La falta de conexión Divina que tenemos, el hambre que tiene nuestra alma.
El miedo lo causa la hambruna del alma. Una vez que comenzamos a estudiar los secretos del Cielo y profundizamos en ellos, meditamos y tenemos conversaciones con Dios, entonces nuestra alma se alimenta y el miedo se va yendo. Los disfraces se van cayendo y nos volvemos libres.

En mayor o en menor grado, todos tenemos los disfraces que antes mencioné. Por eso somos tan dados a enjuiciar al semejante. Por muchos siglos los hemos tenido. Me parece que ya es hora de echarlos a la basura. Dale, yo te traigo el zafacón.

## *Perdona, ¿quién, yo?*

No cabe duda de que lo hemos oído varias veces. Tal vez hayas escuchado algo como: "Claro que ya lo perdoné, pero quiero verlo sufrir". Es difícil cuando tenemos estos sentimientos, son agotadores.

Hace muchos años estaba sentada en mi balcón (era ya de noche) leyendo un libro de la Kabbalah, que entre otras cosas explicaba que el perdón no existe. Muy sencillo: porque no hay nada que perdonar. ¿Cómo es posible que no tengamos nada que perdonar, cuando desde pequeños la misma religión nos dice constantemente que tenemos que perdonar a quien nos ofende? Además, la palabra está en el diccionario (esta es otra que pienso firmemente que no debería estar en el diccionario). Bueno, sigo leyendo y me explica que toda persona llega a nosotros por un motivo. Muchos vienen a enseñarnos grandes lecciones. Algunas de ellas nos hacen sufrir, pero son imprescindibles para nuestro crecimiento. Por el contrario, debemos agradecerles porque gracias a ellos somos mejores. Cuando lo leí tomé una pausa y traje a mi mente a todas esas personas a las que aun les guardaba rencor. Recordé cómo era cuando los conocí y como soy en ese justo momento en mi balcón. Pude ver el crecimiento en mí y cuando entendí que todo venia del Cielo porque es la manera de aprender, sucedió un gran milagro. Sentí como si me quitaran 100 libras de mis hombros. Me sentí tan increíblemente ligera que empecé a reírme. Tenía tanta alegría que no podía parar. ¡Wao, había entendido!

Observa esto: El Cielo no te puede "halar las orejas" porque del susto seguro te mueres. Así que utiliza a otra persona para llamarte la atención. La misma puede venir, incluso, de vidas pasadas en las que te quedaste con alguna deuda. O puede ser una nueva alma que tiene una corrección que corresponde a lo que tú necesitas aprender. No existe que uno pase por algo que no deba.

Verás, esto del perdón nunca los entenderás si lo ves con tus cinco sentidos. Hay que observarlo con tus suprasentidos, los sentidos del alma. Hay muchas cosas que escapan de nuestro conocimiento "visual". Las almas bajan a la tierra para trabajar sus situaciones particulares. Pude ser por deudas de amor, de dinero, de negocios; por algo que destruyó, incluso por asuntos que involucra a toda una nación, como es el caso de los presidentes o reyes de las diferentes naciones. A veces un alma solo baja para corregir un único aspecto y luego de hacerlo muere (esto lo podemos ver en personas más jóvenes). El asesinato es parte de todo este *tikun* (corrección). ¿Recuerdas el dicho "Al que a hierro mata, a hierro muere"?
Por ejemplo, las traiciones o los desengaños de amor. Si te traicionaron es porque en una vida pasada (o en esta) hiciste lo mismo. Entonces, no tienes que guardarle rencor. Al contrario, dale las gracias por haberte ayudado en tu corrección.

¿Por qué pasar por todo esto, por qué es necesario? Verás, el interés del alma es poder disfrutar su mundo superior, este no es nuestro mundo. Para poder hacerlo tiene que primero aprender a ser un mejor "Ser". Esto es, a dominar el egoísmo del cuerpo, lo que trae como consecuencia el involucrarte con tu prójimo.

"Amaras a tu prójimo, como a ti mismo".

No cabe duda de que entender que todos somos UNO en este proceso de aprendizaje nos lleva a la idea de que la palabra perdón no es necesaria. Y que, sencillamente, no hay NADA que perdonar.

*Pero, ¿por qué me hizo esto? ¡No lo entiendo!*

Muchas veces vivimos situaciones que no entendemos y que nos duelen mucho. Una de ellas es la infidelidad.

He vivido la infidelidad tanto en carne propia como a través de algunos de mis clientes. Siempre es dolorosa y nos lleva a un estado de confusión muy fuerte. Por un lado, no entendemos por qué sucedió y por el otro se nos presenta a una pareja muy diferente a la que creíamos tener. Luego entramos en periodos de victimización. Esto es que nos sentimos víctimas de los hechos. Tal vez, este sentimiento es el más fuerte de trabajar. Como ya les hablé anteriormente, hay cosas que no podemos entenderlas si las vemos desde los cinco sentidos. Así que acompáñame a verlo con los ojos del alma, los suprasentidos. La Kabbalah nos enseña que nada ocurre al azar, todo tiene una razón. Pudiera suceder que la infidelidad es un *tikun* (corrección) que venimos arrastrando de otra vida o algo que hicimos en esta. Incluso pudiera ser el estímulo dado a algún amigo o amiga para que actuara de manera infiel. Siempre hay una razón, no somos víctimas de las circunstancias.

Ya sabiendo lo anterior, vamos un poco más profundo: nuestra alma está creciendo. Me explico: a través de nuestra vida diaria entramos en conflicto de egos con los demás. Por ejemplo, te digo algo y lo discuto, hasta podemos dejar de hablarnos porque no pensamos igual. Siempre queremos cambiar el punto de vista del otro. Por eso estamos en constante discusión con alguien. Esto es un choque de egos y ocasiona que nuestra alma se quede encerrada en lo que en la Kabbalah se llama *klipa* (caparazón), que son nuestros cinco sentidos que se manifiestan en la razón de la lógica y de ahí proviene el ego.

Esta *klipa* no nos permite recibir mayores bendiciones porque mantiene a nuestra alma aprisionada dentro de ese caparazón de oscuridad.

Entonces, cabe preguntar: ¿cómo se quita esa *klipa*? Tenemos que hacer un espacio, una brecha en esa *klipa* para que entre la energía divina. Solo hay dos formas: a través del esfuerzo del estudio constante de los secretos del Cielo o a través de un momento muy fuerte. La noticia de una infidelidad caería en este último. Ese impacto hace el milagro de crear la brecha. La energía del Cielo rompe la *klipa* y el alma se puede ampliar, tiene más espacio.

Ahora bien, romper la *klipa* es muy doloroso porque está muy firme en nuestro ego. Pero, ¿qué sucede cuando la luz divina comienza a alimentar el alma? Apreciamos lo que antes teníamos y no apreciábamos. Me explico: desde el punto de vista de los cinco sentidos, parece que estamos extrañando a la persona que teníamos al lado. Pero esto es solo el espejo de lo que en verdad está ocurriendo en el alma. El alma está extrañando su paraíso, su energía de luz, la recuerda porque ahora la está percibiendo y quiere volver a ella, la añora. ¿Qué sucede en medio de esta añoranza? El alma se está alimentando. Ese alimento la vuelve más fuerte y más completa, no quiere perder la Luz que ahora tiene. Por lo tanto, hace un esfuerzo cada vez más grande por conectar con su alimento divino y ahí va creciendo.
Nuestra alma crece, así como el espacio para recibir las bendiciones que hemos estado pidiendo y no llegaban. ¿Por qué no llegaban? Porque no había espacio ni estábamos listos para recibirlas.
Mientras, el cuerpo recibe la fuerza del alma. Nos sentimos con mayor energía. El alma inspira la mente con nuevas ideas y le da la fuerza al cuerpo para concretarlas.
Sucede que al final somos personas muy diferentes a aquellos que éramos cuando nos dio el *shock* de la infidelidad. Ahora estamos, como se dice por ahí, "nuevos y mejorados".

Lo más sabroso es que estamos mucho más cerca de Dios. Ya solo es seguir subiendo esa escalera de forma proactiva y no volver a necesitar los *shocks* para crecer.

DE AQUÍ Y DE ALLÁ

## *Qué mala suerte tengo en el amor*

¡Qué rico es el amor! No hay duda de que esa es una de las mejores cosas de bajar a este mundo, practicar un tipo de amor que sea experimentado por los cinco sentidos del cuerpo. Debes de saber que en los mundos superiores el amor se manifiesta de otras formas. Aquí en nuestro planeta Tierra es la emoción más importante y la que más nos llena. No solamente el amor de pareja, sino también la camaradería entre amigos, el amor por los hijos, hermanos y demás.

Es curioso ver lo poco que sabemos de una emoción que es tan importante para nosotros. Te pregunto: ¿sabes de dónde viene el amor? El amor no pertenece a este mundo. En sí mismo es una energía que necesita tener una vasija para ser recibida. El amor pertenece a Dios, así de claro y sencillo. Dios es la pura energía del amor. ¿Qué quiere decir esto? Significa que nadie en este mundo genera amor por sí mismo. Podrás decirme: "Pero Mimi, yo sé que amo a mis hijos, mi pareja, mis hermanos y a mis amigos con todo mi corazón". La verdad sobre el amor que sientes por alguien viene solamente porque Dios los ama *"a través de ti"*.

Esto es revelador porque empezamos a ver la emoción del amor de una manera diferente. Por un lado, vemos que es una emoción "extraterrestre"; por el otro, nos damos cuenta de la importancia de tener una buena relación con el *dueño* del amor.

Observemos una relación de pareja desde el comienzo. Un buen día -o una de esas noches locas- conoces a alguien. Por lo regular la atracción suele ser mutua. Como hasta en ese momento no sabías que lo conocerías, podemos decir que llego de ¡sorpresa! Y al recibir un "regalo repentino", tenemos dos alternativas: lo abrimos inmediatamente (nos damos al deseo sexual sin restricción, consumiendo la energía en esa única noche o unas pocas más); o no lo abrimos (esperamos para conocer, comunicarnos y entonces decidir). Optamos por la

relación y nos dura unos meses o algunos años. Luego, ¡puf!, se termina y decimos "¡Qué mala suerte!".
Si observas detenidamente algo faltó en ambas opciones. ¿Qué crees que sea? El agradecimiento. Cuando estábamos en el Jardín del Edén, lo teníamos todo (cuando digo todo es todo). Sin embargo, no lo apreciábamos ya que no teníamos manera de poder comparar. El lado de la oscuridad surge para poder decidir qué queremos y a través de la experiencia aprender a apreciar.

Vamos a profundizar en el "aprecio". ¿Qué es lo que no apreciamos? Nuestro cuerpo inmediatamente nos dice que no apreciamos a la persona que tuvimos, ¿pero en realidad es eso? No, para nada. Esa persona solo refleja la parte física de lo que en verdad está pasando en nuestra alma; lo que no apreciamos fue a la energía divina.

Observa esto, todo es como un círculo vicioso:

Deseamos algo

Lo obtenemos

Lo trabajamos

Nos cansamos

Lo perdemos

Como ves, en ninguna parte estuvo el aprecio, el dar gracias por lo que nos llegó. Las cosas materiales y las relaciones se pierden porque no fueron apreciadas; porque no dimos gracias a Dios por lo que nos regaló.

*Regalo*, todo lo que tenemos en nuestra vida es un regalo: el trabajo, el hogar, los padres, los hijos, los amigos, la salud, la pareja, todos nuestros talentos, la paz y el amor. Pensamos que nosotros lo trabajamos, pero en realidad todo lo que tenemos viene por los méritos hechos a nuestros semejantes en esta vida y en la pasada.

¿Cómo romper la cadena de la mala suerte? Aprecia a la persona (o la situación) tan pronto llega, da gracias al Creador porque ese ser tendrá algún peso en tu vida, bien sea de corta duración o la relación de tu vida.

Cuando apreciamos, la última parte de la cadena no sucede, no lo perdemos. ¿Por qué? Porque desde un principio el alma apreció la Luz y surgió la unión perfecta. La relación se nutrirá de esa luz y, por lo tanto, se llenará de vida. Si no surge esa unión, la relacion no tendrá alimento y morirá por hambruna.

¡Así que aquí vemos el antídoto contra la mala suerte!

Es mi deseo que esa persona que vas a conocer muy pronto sea tu gran amor porque tan pronto le hablaste te dijiste a ti mismo: "¡Gracias, Dios!".

## ¡Qué muchas películas hemos visto!
(Escrito en los tiempos del Covid-19)

Hola amigos:
No sé ustedes, pero no hay duda de que una de las cosas por la que le doy gracias a Dios es por la Internet. No es que me la paso viendo películas, pero ciertamente me ayuda a distraerme de todo esto que estamos viviendo.

El otro día, viendo una serie, me percaté de algo muy curioso: cómo las películas nos dejan ver la manera en que actúa el ego. Por ejemplo, está una de las protagonistas que se cree la más lista, la que más sabe. Sin embargo, todo lo que tiene de astuta lo tiene de boba porque el supuesto novio se pasa mintiéndole y engañándola, todo para sacarle información sobre su hermano. ¡Así mismo! Es toda una serie larguísima pero muy interesante. Sin embargo, me puso a pensar.

Tal y como son las películas, así mismo son nuestras vidas, de ahí nos inspiramos. Vemos con mucha claridad cómo nos pasamos reaccionando a los cinco sentidos y por esto metiéndonos en problemas, una mala decisión tras otra.

¿Has escuchado el dicho que reza "Más sabe el diablo por viejo que por diablo"? ¿Sabes qué significa?
Desde el momento en que nacemos, las energías de Oscuridad vienen con nosotros, están imbuidas en nuestro cuerpo físico. Si observas, desde que somos bebes estamos en la pura etapa de solo recibir. No es hasta los 12 años (en el caso de las niñas) y los 13 (en el de los varones) que nos llega otro nivel de alma más evolucionado, empezamos a tener la capacidad de dar y no solo de recibir. Esto significa que hasta que no llegamos a esa adolescencia, el aspecto del mal, el aspecto egoísta esta solito con nosotros. Las energías negativas llegan a conocernos muy bien y se encargan de estar en cada momento de esa infancia haciéndote pensar tal o cual cosa de tus padres, familiares y personas que te rodean. Es en esa etapa en la que construimos

los "vacíos existenciales" o "carencias" de lo que luego nos vamos a quejar.

El Satán luego utiliza todo esto para manifestarnos dolor emocional y nosotros pensamos que somos seres carentes de algo. De ahí que el Satán sepa más por viejo que por diablo; por viejo porque es el que más tiempo adelantado ha tenido con cada uno de nosotros para conocernos de sobra.

Sabiendo esto, ¿no crees que es hora de ponerle un alto a su manipulación? Para lograrlo, primero debemos ser conscientes de algo: *No tenemos carencias. No somos víctimas.* Todos somos un conjunto de alma divina, que es perfecta. No somos víctimas porque todo lo que vivimos es parte de nuestro mapa de vida que sigue la ley inmutable de causa y efecto.
Cuando te veas diciéndote "Pobrecito yo", "¿Por qué a mí?", "Esto solo me pasa a mí" o "Yo no he hecho nada", bórralo inmediatamente de tu mente con el conocimiento de que es la energía negativa poniéndote de cabeza.

Alguna vez te has preguntado, ¿Por qué existen las energías de oscuridad? Para ser transformadas en energías de luz. ¿Cómo las transformo en energía divina? Dándole la vuelta de 180 grados a toda nuestra maldad. Empezar a ser seres compasivos, sin chismes del prójimo, sin juicios, ser misericordiosos, no controlar a nadie, llevar paz y unión a donde vamos en vez de guerra y separación, no tratar de imponer nuestras opiniones, respetar al prójimo en todos sus aspectos: físico, emocional, intelectual y espiritual.
¿Has visto lo mucho que nos relajan las películas de comedia? ¿Sabes por qué? Porque nos traen alegría, que viene del lado de la energía de Luz. Por lo tanto, en la medida que tratemos de transformar nuestro ego ganaremos alegría. Pero lo mismo es lo contrario: en la medida que demos de comer cada vez más y mejor a nuestro lado oscuro, la tristeza, las depresiones, los malos sucesos y el caos nos seguirán por todas partes.

Terminaremos protagonizando una película llena de dramas y caos.

Te propongo que hagas de tu película de vida una llena de propósito. ¿Cuál? Cambiar tu oscuridad a luz, cambiar tu lado negativo en positivo. Como dicen por ahí: "Empezar a ver tu vida como un vaso medio lleno en vez de medio vacío". Verás cómo a tu película le empezarán a llegar sucesos alegres, divertidos y llenos del amor de Dios.

## *Mamá, búscate un novio"*

Hoy mi hijo menor me dijo:" Mamá, búscate un novio"

Esa fue su reacción cuando le pedí un abrazo, ¡se imaginan! Claro, es importante saber que me paso abrazándolo y pidiéndole abrazos. Si su petición me tomó por sorpresa, más lo fue que le respondí que sí.
No cabe duda, necesito un novio. ¿Por qué? Porque me gusta dar, me gusta abrazar y me gusta dar amor. Cuando a uno le gusta dar amor, se convierte en una misión darlo. Doy amor a mis hijos y a mi hermano y amigos, pero también a mis estudiantes y a mis clientes. Hace poco empecé a enseñar a través de Internet y a hacer diferentes videos de Kabbalah, que es mi pasión, y sigo dando amor ahora hasta a personas que no conozco. No obstante, necesito dar más amor, así que también hago meditaciones kabalista (con las letras hebreas y nombres de Dios). Ese es el mayor amor porque lo reparto al mundo entero. ¡Doy amor a la totalidad de la población mundial!

Pero, me hace falta un novio.

Observa esto: la pareja en este mundo se ve como la simple unión entre hombre y mujer, dos hombres o dos mujeres. Pero en realidad es mucho más que eso.
Una pareja representa la unión de lo femenino y lo masculino. La Kabbalah nos explica que lo femenino y masculino no solo tiene que ver con el sexo, sino más bien con las energías.
Energía femenina es la de recibir, la masculina es la de dar. Todo el universo corresponde a este intercambio de energías constantemente.

¿Qué pensarías si te digo que nuestro universo está copulando constantemente? Veras, nuestra tierra por sí misma no tiene nada, toda su energía Divina viene de los mundos superiores. Así que el universo con sus estrellas y planetas son la energía masculina (porque da) y nuestro planeta es la energía femenina (porque recibe). De ahí que siempre veamos a la tierra y a la naturaleza como algo femenino. De hecho, desde tiempos milenarios la mujer es la que se ha consagrado por conocer los secretos de la naturaleza (de ahí las brujas y sacerdotisas), ya que somos similares en energía.

Como verás, esta copulación de intercambio de energías es la máxima Fuerza Creadora en nuestro planeta. Por lo tanto, la pareja es la máxima unión creadora en este mundo.

Sigamos profundizando. Esta unión puede ser tanto para el mal como para el bien, todo depende de qué energía canaliza la pareja. Esta la del caos o la de paz; la del miedo o la del amor. Tendríamos que pensar en qué energía canalizamos en nuestra vida. Piensa, haz una introspección, busca dentro de ti y sé sincero contigo mismo.

Si somos parte de las parejas de caos y miedo, crearemos entornos que solo traen guerra y destrucción en todos los aspectos: hijos, hogar, trabajo, amistades, negocios que no se dan, etcétera.

Por otra parte, podemos decidir lograr ser otro tipo de pareja, una que crea amor y paz en todo su entorno.

No hay duda de que lo que en impera son las parejas del primer tipo, ya que el caos es lo que reina en nuestro mundo.

¿Como saber qué tipo de pareja tienes? Muy sencillo, ¿hacen el bien para los demás? ¿Se esfuerzan y buscan a quién hacerle bien? ¿Se salen de la zona cómoda para hacer ese dar y compartir? ¿El pegamento de su unión de pareja es Dios? ¿Buscan llevar la paz en el hogar? ¿El hombre complace a la mujer? ¿Es una relación en la que uno es el rey y la otra es la reina?

O, por el contrario, ¿no les preocupan las necesidades de los demás? ¿No hacen ningún tipo de esfuerzo por materializar el deseo de alguien más? ¿Se quedan en su zona cómoda, solo hacen bien para su familia o para aquellos que les caen bien? ¿El pegamento de su unión de pareja son el trabajo, el dinero, el sexo, las drogas, el poder o la posición social? ¿Alguno de la pareja, o ambos, sufren de constantes ataques de ira? ¿El hombre solo busca su propia satisfacción olvidándose de su esposa? ¿Es una relación compuesta por un rey y una sirvienta?

Es algo maravilloso cuando empiezas a estudiar la Kabbalah y conoces a ese Dios que en un principio era algo tan y tan distante. Comienzas a "ver" sus maravillas y su misericordia tan absoluta; empiezas a conocer cómo son las reglas de SU Cielo y el por qué de las cosas en la tierra. Te llenas de un amor tan inmenso que no te queda de otra que empezar a darlo. ¿El mayor amor? Enseñar a los demás las maravillas de Dios para que también sean capaces de lograr el amor sublime.
Y lo maravilloso es que te llenas de tanto y tanto amor que no puedes parar de darlo, es algo constante que haces por tu prójimo. Cuando tu pareja y tú son canales de Luz, entonces la relación sexual se convierte en la herramienta perfecta para bajar al mundo bendiciones de todo tipo.

No hay duda, deseo un novio.

*¿Qué me pasa que no consigo trabajo?*

He tenido muchos clientes que vienen con la misma pregunta. La verdad es que buscar y buscar y no lograr ni siquiera entrevistas es frustrante. Igualmente, que vayas a montones de entrevistas y en ninguna consigas que te contraten. No solo es frustrante sino también que desgasta.

Como aprendemos en la Kabbalah, todo tiene una razón de ser. Así que vayamos a lo que las leyes del Cielo nos enseñan. Absolutamente todo lo que tenemos en la vida nos llega por un mérito. ¿Qué es un mérito? Es la moneda del Cielo. Así como aquí en la Tierra existe el dinero y se utiliza para obtener bienes, así mismo es en el Cielo. ¿Cómo se gana? A través de todas nuestras reencarnaciones. Toda buena acción hacia nuestro prójimo genera mérito, así como todo trabajo espiritual hecho en conciencia de ser cada vez mejor persona.
Nuestras vidas pasadas juegan un papel importante en el presente porque esta vida es el resultado de las anteriores. Vivimos el efecto de muchas causas pasadas. Es decir, estamos recolectando el fruto de lo cosechado. Si se nos está haciendo difícil encontrar trabajo es porque el mérito para conseguirlo no está ahí. Esto quiere decir que lo que hemos hecho hasta ahora no nos sirve. Tenemos que cambiar.
Lo primero que tenemos que cambiar son nuestras ideas. Muchas veces tenemos el paradigma de lo que debe ser un trabajo que sencillamente no es correcto.

El primer paradigma a cambiarse: El trabajo es para ganar dinero - Esto no es correcto. Dios no te regala el trabajo para que consigas dinero. Lo hace para que te juntes con la gente que ÉL desea para hacer tu trabajo espiritual. Son personas que son importantes, que debes conocer bien porque tú le enseñaras algo o ellas te enseñarán a ti. Si ahora mismo estás en un trabajo que no aprecias o en el que no te llevas bien con tus compañeros, es hora de que empieces a buscar el aprecio por el lugar que Dios te regalo porque su gente es muy importante para ti. Trata de conocer o de entender a esa persona con la que no te llevas. Levántate todos los días y da gracias a Dios por el trabajo que tienes. Si es que no estás laborando entonces agradécele a Dios porque te está brindando la oportunidad de cambiar tu mente para mejor y, por consiguiente, lograr un lugar de trabajo adecuado.

El segundo paradigma a cambiarse: El dinero que genero es solo para obtener los beneficios de este mundo. Recuerda que al principio hablamos del mérito como moneda del Cielo, entonces con este trabajo vas a pagar allí para generar méritos. ¿Cómo? A través de la caridad. Del dinero que ganes debes apartar una cantidad para darla a la caridad. De esta forma estarás haciendo el bien a otro y ganas los méritos en el Cielo. Así tu trabajo se transforma en éxito.
¿Cómo es esto? La Kabbalah nos enseña que en la Tora dice "Seré tu sombra". Esto significa que, si me mantengo en una actitud egoísta hacia mi prójimo, el Cielo también, y por ende los deseos que tengo no son regalados. Si por el contrario, empiezo a hacer bien y a ocuparme de que mi prójimo tenga lo que necesita, entonces todo lo deseado es dado. En otras palabras, "Tú extiendes tu brazo, Dios lo extiende hacia ti. Si no lo extiendes, Dios no lo hará".
Empieza a dar caridad de dinero al pobre. Por favor, no caigas en el error de pensar que si le das dinero a un mendigo lo utilizará para drogarse. Este es un pensamiento de juicio y está totalmente fuera de lugar. Dios pone a ese hombre en tu camino porque eres tú quien necesita de él. Él es tu herramienta para ganar mérito.
Si la situación es que no tienes trabajo, no importa, da la cantidad de dinero que puedas. También puedes compartir tus talentos y/o tu tiempo. Ambos te sirven para ganar méritos.

Tenemos otros hábitos y costumbres que pueden estar bloqueando que llegue ese trabajo que deseamos. Algunos de estos son:

Los chismes – Son juicios que hacemos hacia los demás que actúan como un *boomerang*, regresando hacia nosotros con más fuerza.

La relación sexual – Si la hacemos de manera incorrecta, solo buscando nuestra propia satisfacción y solo para cubrir una necesidad biológica. Si te fijas en esta descripción, no hay diferencia con los animales. ¿Sabes algo? No somos animales. La relación sexual es la herramienta que más nos une a Dios y si la mal utilizas dañas todo tu ambiente. Otro dato importante aquí es el desperdicio del semen. Si eres hombres y mal utilizas tu semen echándolo a la basura o en algún profiláctico, estás alimentando energías muy negativas que se pegan a ti y no te permitirán tener un trabajo exitoso.

Fisuras que hemos hecho en esta o en otras vidas – Actos graves que hicimos contra otras personas en las que dañamos su sustento. Aquí es importante tener una conversación directa con Dios y arrepentirte de todo daño que le hayas causado a otra persona. Una buena hora para hacerlo es de 3:00 a.m. a las 7:00 a.m. ¡Ojo! Cuando hables con Dios empieza presentándote y dándole las gracias por todo lo que tienes y por lo que no.

La idolatría – No idolatres a ninguna persona, incluyendo tu jefe. Tu trabajo no viene de él, solo viene de Dios. Tampoco idolatres el dinero ni el trabajo, no seas adicto a largas horas laborando.

El miedo – No tengas miedo de ninguna persona, tampoco te hagas películas mentales de que nunca vas a conseguir el trabajo que deseas. Desecha de tu mente todo miedo. Esta emoción viene del lado de la oscuridad y solo nos lleva a más caos.

Como podrás observar, el que ganes dinero no tiene que ver con el esfuerzo que hagas ni tampoco del trabajo. Todo depende de tu relación con Dios. Cuán buena o mala sea, así será lo que recibas en este mundo.

Ocúpate de mejorar tu relación con Dios y verás como consigues ese trabajo lleno de bendición.

## *El día que murió el ruido*

Durante el Covid-19 todos vivimos un aislamiento masivo. Se cerraron las tiendas, los restaurantes, las playas, los cines, las barras, etcétera. Ya no nos podíamos reunir en ninguna parte incluyendo el hogar.

A simple vista esto parecería ser una situación difícil. Sin embargo, nada más lejos de la realidad en términos espirituales. Estar aislados causó la muerte de algo que llevábamos constantemente con nosotros: el ruido.

¿Qué ruido? El espiritual, ese que por milenios ha sido imperceptible. El ruido de todos nuestros compromisos, de las amistades y la familia dando opinión; de las salidas banales. El ruido de la sociedad que nos "incita" a comportarnos de alguna forma preestablecida por el ambiente.

El ruido que constantemente buscábamos para huir de nuestros propios pensamientos. El tiempo de encontrarnos a nosotros mismos, de buscar nuestro Yo superior ya no existía, íbamos por un derroche artificial de nuestra vida, desperdiciándola de manera fría y superflua, hasta que el ruido murió.

Nos encontrábamos en nuestras casas y no había excusas posibles para estar saliendo. Nos enfrentamos a un gran monstruo: el silencio.

Para algunos fue muy grande y buscaron el ruido a través de largas horas en televisión e Internet; yendo a vivir a casa de familiares, dedicarse al hogar y remodelarlo (dentro de lo que era posible), cocinar recetas que nunca habían probado y comprar por la web. ¿Qué tiene todo esto en común? Más ruido, cero silencio.

El ruido no nos deja escuchar nuestro Yo superior, tampoco conectar con nuestro interior. Eso representa una grave situación porque mi Yo superior es quien tiene mi mapa de vida, lo que es mi talento, lo que vine a hacer en este mundo y lo que le da sentido a mi vida. Si no lo escucho nunca me entero de quién verdaderamente soy.

Por otro lado, cuando le damos vida al silencio volvemos más sabios. No existe sabiduría sin el silencio. Mira esto: la persona que habla mucho está muy ocupada, y preocupada, en ser escuchada. Por lo tanto, no observa y como resultado no llega a ser sabia. Así las cosas, la persona que habla poco está más ocupada, y preocupada, en observar. Como resultado llega a la sabiduría. El silencio es una herramienta muy poderosa para lograr convertirnos en seres humanos de bien.

En esta época del aislamiento muchos fueron presas de ataques de la Oscuridad, unos salieron bien, otros no. Pero, también muchos llegaron a hacer grandes cambios en sus vidas, le dieron un giro a su vida física y material ¿Cómo? Haciendo el cambio en su vida espiritual. Estas personas aceptaron el silencio y a cambio les dio un nuevo y enriquecedor panorama de vida, una experiencia única en un momento único de la historia.

Así como toda la humanidad vio la renovación del planeta, así también era el espacio para la renovación de cada ser humano.

El día que el ruido murió, el silencio vivió y con él toda una nueva energía llena de bondad, misericordia, amor y paz para ser sentido por todo aquel que lo abrase.

## DE AQUÍ Y DE ALLÁ

*Tú, ¿te quieres ir por ahí?*

Muchas veces en nuestra vida caminamos por senderos que no siempre están muy claros o al menos eso pensamos. Sin embargo, esto solo lo percibimos así por nuestro propio ego que nos nubla la visión.
En consulta he tenido clientes que toman decisiones que luego los llevan por los caminos de la amargura. Una vez los toman, sus vidas empiezan a deteriorarse rápidamente.
Estos senderos nublosos siempre tienen un origen, y es la mentira. En un momento dado hicimos algo que sabíamos no era correcto. Observa esto qué curioso: nuestra alma siempre nos deja saber con anticipación si algo que vamos a hacer esta bien o mal. Sin embargo, muchas veces aun sabiendo que lo que haremos está mal, lo hacemos. Esta es la causa de lo que luego se convertirá en una pesadilla.
La Kabbalah nos enseña que sentimos la supervisión de Dios cuando estamos en medio de la bifurcación entre el bien y el mal. Y escogemos el mal.
Los Secretos del Cielo nos explican que cuando el Creador ve que la persona escoge el camino incorrecto le da tres oportunidades:
Se lo deja saber de una manera personal y privada – Esto pudiera ser a través de un sueño o de una fuerte intuición. Cuando la persona de todas formas, aun con la primera advertencia, decide continuar por ese camino viene la segunda advertencia.

Eres advertido a través de una persona que te aprecia - Ya en esta etapa la persona suele excusarse a sí misma y no hace caso del consejo del amigo. Entonces viene la tercera advertencia.
El Cielo te hace pasar por una vergüenza pública - Cuando la persona, después de esta tercera advertencia, desea continuar por el mismo camino entonces el Creador le abre todas las puertas para que siga por el camino escogido. No hay más advertencia, encontrará que todo le sale más fácil. Sin embargo, lo que está sucediendo es que se acaba de embarcar por un

camino cuyo final será solo cuando toque fondo. Será en ese momento en el que podrá levantarse, dar un salto y salirse del camino en que se metió.

¿Qué puedes observar de todo este proceso? Yo puedo notar varias cosas. La primera es que Dios es un Rey fiel. ÉL te avisa no solo una vez sino hasta tres veces y cada una va aumentando en conciencia. También podemos ver que solo tú decides. Una vez que has decidido, el Creador te concede el deseo.

El problema es que una vez el Creador te abre la puerta ancha para que cumplas tu deseo, no encontrarás la forma de volver hacia atrás. El camino se convierte en una sola vía de la que no te puedes saltar. No te queda de otra que llegar hasta el final.

¿Cómo podemos ver esto de manera práctica? Veamos algunos ejemplos. La persona alcohólica o drogadicta no logra su curación hasta que se ve en el fondo del pozo y acepta que necesita la ayuda. Por otro lado, la infidelidad siempre empieza por una mentira y si la continua luego ya no ve cómo salirse y todo se le complica.

También podemos ver otro tipo de ejemplos como relaciones de pareja, negocios que se entablan porque se tienen segundas agendas. Y así podríamos ver muchísimos más. Hay una ley cósmica que nos enseña que cuando el individuo o la sociedad están dañados, llegarán hasta el fondo. Solo entonces podrá resurgir para ser nuevos. A nivel de la historia podemos ver una gran cantidad de imperios que han vivido esto. Un individuo es el espejo de esa sociedad.

Lo sabroso de estudiar la Kabbalah es que te enseña a ver el proceso y a salirte de ese paso mucho antes que se te cierre el camino de vuelta. El conocimiento de los secretos del Cielo te evita el sufrimiento porque te das cuenta de las debilidades de tu ego. Así trabajarás con las herramientas correctas para no tener que vivir el *tikun* (la corrección).

Esto es precisamente lo que el Creador, a través de sus advertencias, te está diciendo: "Hijo mío, no tienes por qué coger ese camino. Mejor vamos a corregir de otra forma que no te cause sufrimiento".

Ahora que sabes, ¿qué camino escoges?

## DE AQUÍ Y DE ALLÁ

*Y tu autoestima, ¿cómo está?*

La autoestima parece algo fácil de tener, pero en realidad no es así. De hecho, la mayoría andamos en alguno de los extremos: o tenemos muy poca o ninguna; o nos vamos al extremo de sentirnos tan maravillosos que somos superiores a los demás. Ambos puntos pertenecen al lado del ego. La primera nos hace sentir tristes y con depresión mientras que la segunda nos puede llenar de vanidad y orgullo. ¿Esto por qué es? Porque para lograr una autoestima balanceada tenemos que hacer mucho trabajo espiritual, a través del conocimiento del Ser. Para ello, tenemos que entablar una comunicación con nuestro ser, mirarnos hacia adentro sin miedo y con sinceridad, entender que somos seres humanos con nuestras virtudes y defectos. Y sobre todas las cosas, somos un alma perfecta.

¿Por qué lograr una autoestima balanceada es tan difícil? Porque somos la combinación de dos inteligencias: la del cuerpo y la del alma. En la primera domina el deseo de recibir para nosotros mismos; en la segunda, que también desea recibir, pero para dar y compartir. La situación radica en que la inteligencia del cuerpo domina a la inteligencia del alma, entonces la autoestima se convierte en algo muy frágil pues dependerá estrictamente del sube y baja de las emociones del ego, las cuales muchas veces suelen ser desproporcionadas. Como ves, la inteligencia del cuerpo constantemente sabotea nuestra autoestima.
Entonces, ¿cómo lograr el balance? Siguiendo la inteligencia del alma y no la del cuerpo. El alma debe dominar el cuerpo y no al revés. Las emociones se estabilizan, ya no están en un sube y baja eternos.
¿Cómo hago para que mi alma domine mi cuerpo? Lo primero es conocerla. Ahora bien, esto plantea de inmediato un problema: ¿cómo conocer algo que, para empezar, no conozco su idioma, tampoco la veo ni conozco su mundo? Es aquí cuando entra el trabajo espiritual y la meditación.

El trabajo espiritual te permite conocer los mundos del alma y su idioma, te enseña a ser una persona misericordiosa desde adentro (no de forma hipócrita). Como dice uno de mis maestros, te pone el corazón blandito. Cuando esto ocurre vemos nuestro entorno y a nuestros semejantes en amor y no en juicio. Así el alma logra la dominación del cuerpo.

Sin embargo, para poder ser exitosos en ese trabajo espiritual antes debemos resolver el primer obstáculo: EL DESEO.

Son muchas las veces que puedes haber empezado a estudiar alguna sabiduría, pero te encuentras que te cansas, que necesitas un break, te aburres o simplemente terminas dando prioridad a algo más. Esto sucede porque tu deseo de adherirte a Dios no es lo suficientemente fuerte. Entras de nuevo el deseo del cuerpo que te hace perder las ganas. Hay dos cosas que podemos hacer para ganarle al cuerpo:

La conexión con Dios – Háblale y pídele que te llene de deseo para comenzar tu trabajo espiritual. Aun cuando lo comiences no dejes de pedirlo hasta que naturalmente se convierta en tu prioridad.

Meditación kabalista – Inmediatamente te saca de este mundo y te lleva a los mundos del alma. Por ende, empiezas a relacionarte directamente con ella en unión con el pensamiento Divino. ¿a qué me refiero? A las letras hebreas. La meditación en la kabbalah se hace con las letras hebreas que en realidad son el Pensamiento de Dios en una vasija que son una cualidad y en un concepto. Por tanto, la meditación no solo te acerca a tu alma, sino que también te aproxima a Dios.

Ya estamos involucrados en nuestros estudios, estamos viviendo lo que aprendemos y meditando nos sentimos bien. Incluso, podemos estar viendo milagros o diferencias en nuestra vida, cuando de momento y sin avisar viene el segundo obstáculo: El SATÁN, palabra hebrea que significa el oponente. Su propósito es quitarte de la sabiduría, especialmente si es la Kabbalah. Recuerda que él fue el primero que tuvo dominio de tu cuerpo, desde que naciste él está contigo; y no quiere perderlo. Su trabajo es precisamente, mantenerte alejado del conocimiento de tu alma y sus mundos. ¿Cómo lo va a hacer? Te pondrá muchas actividades y poco tiempo para estudiar, igual te puede crear la "ilusión" de problemas cuya preocupación te alejarán del estudio. ¿Ilusión? Sí, las energías de oscuridad son expertas en crear ilusiones. Verás que cuando estamos estudiando la Kabbalah sucede algo muy sabroso: estamos accediendo a un mundo superior que llamamos Bina, dimensión de la cual esta dimensión vienen todas las bendiciones a nuestro mundo.

Cuando te adentras en la Kabbalah, la misma enseñanza te dará todo lo que necesitas para resolver tus problemas. Verás que si tienes la voluntad de seguir con el estudio y no quitarte las situaciones simplemente desaparecen. Pero si te quitas, el Satán habrá ganado la batalla y esos problemas se harán mucho más reales porque te habrás quitado de la única energía que te podía deshacer el caos.

Esta guerra con el Satán es muy importante porque hace que le des más fuerte al estudio, que medites más, que busques respuestas y arregles en tu vida lo que sea. Entonces sucede algo increíble: comienzas a vivir situaciones que te muestran la misericordia Divina. La verás de manera contundente y esto te lleva a la certeza de que todo viene del Cielo.

Te tengo una noticia: una vez llegues al nivel de la certeza ya le puedes decir adiós al Satán porque ya no tendrá agarradera hacia ti.

Una vez que empieces, no te quites. ¡Sé valiente! Verás cómo ganarás una autoestima sabrosamente balanceada. Nadie podrá hacerte daño, no solo porque tu cuerpo ya no es dominado por las emociones sino porque habrás comprendido el alma llena de Divinidad que eres. Entenderás que tienes todo el universo dentro de ti, que solo eres Tú con Dios.

## ¡Qué hijo de su madre!

Estoy segura que has oído mucho esa expresión. Más aun, de seguro la has dicho varias veces. Es inevitable que nos encontremos con personas que nos la hacen decir o al menos pensarla.
En la Kabbalah hay una historia del Rey David. Resulta que estaba paseando fuera del castillo con su escolta y de repente se acerca un individuo para insultarlo. Inmediatamente los guardias se acercaron para alejarlo, pero el rey les ordenó que lo dejaran acercarse para que hablara. David lo escucho sin interrumpirlo, dijo todo lo que tenía decir y luego siguió su camino. La escolta le preguntó al soberano porque había permitido tal improperio, a lo que les contestó:" Porque me lo merecía".

Como aprendemos en la Kabbalah, todo tiene una razón, nada viene gratis ni por "casualidad" (insisto, esta palabra no debería estar en el diccionario). Todo es por una causa, que puede haberse hecho en esta vida o en otra. Pero está hecha y su efecto nos llega.
La situación con la Ley de causa y efecto es el tiempo. El tiempo en el medio es una bendición porque nos da tiempo (valga la redundancia) de arreglar las cosas. Pero también hace que nos olvidemos de lo que hicimos. Por lo tanto, no empatamos el evento con la causa que en realidad lo originó. Sabiendo esto, vamos a ser más listos. El efecto siempre será igual que la causa. Por ejemplo, si siembro un árbol de manzanas, siempre dará manzanas. Si en algún momento lanzo improperios hacia una persona y la hice sentir mal, así mismo llegará lo impropio a mí. Sentiré lo mismo que hice sentir a alguien en mi pasado. Esto es ley del universo. Como dicen por ahí:" Nadie se queda con nada de nadie".
Rab. Yehuda Ashlag (1885 -1954) de feliz memoria, en su ensayo "Articulo de la Paz" nos da una explicación de la Mishnah escrita por Rab. Akiva (50-135) de feliz memoria.

Dice así: "Todo es dado en colateral y la red es esparcida sobre toda vida. La tienda está abierta, el mercader extiende su crédito, el jornal (libro de cuentas) está abierto, la mano escribe y cualquiera que desee tomar prestado, vamos a dejarlo que venga y tome prestado. Los recolectores hacen su ronda constantemente todos los días y recogen el pago de lo que se tomó prestado, este al tanto o no. Y ellos tienen algo del que se pueden fiar, el juicio es un juicio verdadero y todo está preparado para el banquete".

Yehuda Ashlag nos explica:" Todo es dado en colateral". Es como alguien que presta a un amigo para ser parte de un negocio y lo da, pero, le pide un activo que sirva de garantía por el dinero prestado y así no tiene que preocuparse de perder su inversión. Así mismo es la Creación y la existencia del mundo. El Creador prepara el mundo para la humanidad como un lugar de ganarse el exaltado objetivo de unirse a ÉL al final. ¿Qué es la colateral? Es la red. O sea, que el Creador sabiamente expande una maravillosa red sobre toda la humanidad de la cual nadie puede escapar. Todos los seres vivos están atrapados y son forzados a aceptar el trabajo del Creador de transformarse a sí mismos hasta que logren su propósito exaltado. De esta forma el Creador se asegura que su intención no sea perdida.

"La tienda está abierta", significa que el mundo nos parece que es una tienda abierta sin dueño, en la que cualquiera que esté pasando puede tomar la mercancía y los beneficios contento en su corazón porque es gratis.

Pero, Rab. Akiva nos advierte que "el mercader extiende el crédito". O sea, que a pesar de que no vemos al mercader, debemos saber que sí hay uno. Aunque no cobra inmediatamente, sí lo carga a crédito.

Y si nos preguntamos, ¿cómo sabe cuánto debemos? "El jornal está abierto y la mano escribe". O sea, hay un jornal en el cual cada mínima deuda es escrita sin omisión. Toda situación en la que se encuentre la generación es como el jornal y todo mal hacer es como la mano que escribe porque todo acto malvado es escrito allí.

"Quien desee tomar prestado vamos a dejarlo que tome prestado". Esto es decir que quien quiera que crea que este mundo NO es como una tienda abierta sin dueño, sino que sí hay un dueño en la tienda que demanda el pago justo por la mercancía que fue tomada. Esto es hacer lo mejor que puede en su trabajo para el Creador, siempre que la tienda le provea, dé la mejor y más segura manera de alcanzar el objetivo de la Creación. "Quien desee tomar prestado" es porque está comprometido a pagar la deuda.
Así que aquí ya estamos viendo dos tipos de personas, la que vive tomando las cosas de la vida como si fueran gratis, y la que sabe que las cosas no son gratuitas. Vamos a explicar: el primer tipo de persona es la que toma todo lo que el mundo material puede darle y lo usa para su propio beneficio. La segunda es la que lo que toma del mundo material lo usa para compartirlo con sus semejantes, trabajando así a favor de la Creación.

Ambos tienen algo en común: "Los recolectores hacen su ronda constantemente todos los días y recogen el pago de lo que se tomó prestado, esté al tanto o no". Si observan, a ambos se les cobra, la diferencia radica en "estén al tanto o no". Para la que está al tanto, que es la que trabaja a favor de la Creación, el pago viene sin ningún sufrimiento porque conoce la razón mística (no se deja llevar por sus cinco sentidos) de sus sucesos de vida. El Creador le quita todo sufrimiento. Por otro lado, cuando le llega la hora de pagar a la persona que no está al tanto, le surgen situaciones de vida en las que sentirá que lo están empujando sin remedio a unas circunstancias llenas de sufrimiento, las cuales no entiende. Aquí vemos la importancia de tener conocimiento versus no tenerlo.
"Y ellos tienen algo del que se pueden fiar". Los que tienen el conocimiento, poseen algo en lo que pueden confiar. Saben del

gran poder que les trae el trabajar para el Creador y toman las ventajas.

Para aquellos que pagan sus deudas sin conocimiento," el juicio es un juicio verdadero"

Pero, al final no importa que tomes el camino más corto (tener conocimiento) o el más largo (no tenerlo)," todo está preparado para el banquete". Nuestro Creador es un rey Fiel y ama a todos por igual. Todos, al final, regresamos a ÉL.

Vamos a profundizar un poquito en esta metáfora. A nuestro alrededor vemos básicamente a tres tipos de personas: la que crea disturbios y caos a su alrededor y vive solo para sacar las ganancias materiales de este mundo. Luego está la que trae paz, quiere el bien para sí y para sus semejantes. Trabajan a favor de ello, les gusta compartir con otros lo que la Tierra les da. También tenemos la que no es ni lo uno ni lo otro. No se mete con nadie, pero todo lo que tienen es solo para sí misma y no crea ni guerra ni paz. Esta última cae dentro de la primera ya que en realidad no cumple con el concepto de la Creación.

¿Cuál es el concepto o el propósito de la Creación? Elevar todas las almas que llegan a nosotros; y los mundos inanimados, vegetal, animal y parlante. Todo lo que nos llega tiene vida, las piedras, la silla en la que te sientas, las plantas, la sal, el agua, todo tiene chispas divinas. Si esto es así con los mundos anteriores al nuestro, cuanto más no será para la especie parlante (nosotros). Debemos tratar con amor a todo aquel que llega a nosotros, ayudarlo a superar sus situaciones. Crear una sociedad de paz. El que es egoísta, chismoso, mentiroso, ladrón, o que simplemente no existe para nadie, va en contra del Creador, porque ÉL es amor y todo lo que no es amor destruye lo que ÉL creo.

No hay duda, máxime desde que vivimos el Covid-19, que tenemos que empezar a cambiar, mirarnos por dentro, conocernos y luego ayudar a los demás, existir para el prójimo. Ya se nos hace tarde. Son demasiados milenios

viviendo echándole culpa a todos por lo que nos pasa. No vemos que solo nosotros somos los responsables.
Entonces ahora comprendemos que la culpa nunca es de "del otro". Esa persona solo está siendo el "cobrador" del Cielo.

Así que ya sabes, cuando un "hijo de su madre" venga a sacarte de tus casillas, calla y piensa. Toma responsabilidad y di: "Ok, ya fue cobrado".

## Un negro y un blanco: el racismo de siempre

Hace unos días vimos en las noticias cómo un policía blanco mató a un hombre negro. La manera brutal obrada por el sentido de supremacía, fue lo que desbordó en ira en todas las comunidades.

Es impresionante cómo en el siglo 21 seguimos con los ataques racistas, que son de poder. Las energías de Poder dominaron por muchos siglos nuestro mundo; hoy día está más escondido y se ve en las grandes jerarquías millonarias. De vez en cuando sale por las calles como la hemos visto ahora de forma presencial. Esa es la magia de la comunicación de este siglo, en la que todo se ve, todo es grabado y puesto viral. Resulta que terminamos en primera fila viendo, y viviendo, el horror.

Esto me recuerda las películas en las que las brujas y los demás personajes son quemados simplemente porque no van con la idea de las masas. Ellos listos para ser quemados, colgados o decapitados frente a un público que no hace NADA para evitarlo. Por el contrario, los abuchean y están de acuerdo con dicha muerte, convirtiéndose así en *cómplices* de ese horror.

No hemos cambiado para NADA, seguimos en un pensamiento de masa, sin cerebro, con el corazón duro. Presenciamos el horror y nada hacemos, ahora la diferencia es que lo vemos por Internet. Sumamos a más personas que nos convertimos en *cómplices*.

Te propongo que empecemos a cambiar. ¿Cómo? A ver las cosas diferentes, no te enfoques en lo que está bien o mal. Cuando hacemos esto caemos en una trampa que nos lleva a al círculo vicioso de la CRÍTICA. Criticamos, juzgamos y no hacemos NADA.

La realidad que nos enseña la Kabbalah es que nada está bien ni mal, solo es. Hay juicios celestes que escapan a nuestros cinco sentidos. Sabiendo esto, vámonos más profundo: todos somos el Adán, todos somos UNA sola alma.

Somos UNO.

¿Qué significa este concepto del UNO? YO soy ese policía, YO soy ese hombre negro, YO soy el narcotraficante, YO soy el ladrón, YO soy el pedófilo, YO soy el mentiroso, pero también el sabio, el misericordioso, YO hago el bien.
Todos somos todos. ¿Qué significa esto? Que somos una gran energía. El cuerpo nos da la ilusión de que somos seres separados, pero no es cierto. Toda la maldad que yo pueda haber hecho, todos los juicios, chismes, mentiras, infidelidades, adulterio, humillaciones, maldad, etcétera, es una energía que cae sobre todos mis semejantes. La energía viaja, por lo tanto, inevitablemente cae en toda la población. Es el virus más grande. ¿Por qué crees que nos han mandado a tapar la boca? Porque no tenemos ni idea del daño que hacemos con nuestras palabras. Parecemos monos con una escopeta, disparando y matando indiscriminadamente.

Somos *cómplices* porque estamos tan ocupados en criticar, incluso en generar más violencia. Simplemente no aportamos ninguna Luz.
Somos UNO, entonces vamos a tomar responsabilidad. Haz introspección, busca cual fue tu parte oscura que ayudó a que esto ocurriera, trabájala proactivamente, cambia y muévete de la energía de Oscuridad a la de la Luz. Haz inmediatamente buenas obras hacia tu semejante, especialmente con aquel que no te cae bien. Medita con las letras hebreas y los nombres de Dios. Lleva toda esa meditación a la población mundial. También puedes hacer ayunos.

Si todos hiciéramos esto, no haría falta nada más. El mundo empezaría a cambiar inmediatamente, los monos con escopetas empezarían a desaparecer.

Dejemos de ser *cómplices* para ser UNO.

## Clase Senior 2020

Si hubo un grupo afectado durante el Covid-19 fue el de las clases graduandas de todo el mundo.
Esto lo viví de cerca siendo madre de un estudiante de escuela superior. Este era su gran año, muchas actividades que no se dieron. Este grupo de adolescentes es en verdad muy especial, pues nació en una época de guerra (presidente Bush, hijo, y el conflicto de Afganistán e Iraq), en tiempos del ataque terrorista del 11 de septiembre y en la gran crisis financiera.
Nuestros adolescentes son almas muy especiales. Observa esto: La Kabbalah nos enseña que antes de venir a este mundo, al alma se le enseña lo que tendrá en vida y decide si bajará o no para cumplir con su *tikun* (corrección). Estos jóvenes aceptaron venir a vivir situaciones muy difíciles y diferentes en comparación con las otras almas.
El otro día estaba hablando con mi amiga Vilma (estudiamos juntas en la escuela) y comparábamos si a nosotras nos hubiera tocado vivir este aislamiento en pleno tiempo de escuela. Las dos estuvimos de acuerdo en que o moríamos por aburrimiento (no había Internet ni celulares) o nos saltábamos el confinamiento bien fuertemente. De hecho, nuestra generación no era de seguir reglas.
Es admirable cómo estos chicos han pasado este tiempo con una excelente salud tanto mental como emocional. No hay duda en mí de que Dios es un rey Fiel, que equipó a estas almas con una fuerza interior superior a las demás. Estos chicos que están por el mundo entero y que saldrán ahora a sus universidades, lograrán grandes cosas por la humanidad. No habrá nada que los desanime.

Al principio del semestre, para el día de entrada de ellos como *Seniors*, los padres nos hicimos unas camisetas. La mía lee: "*Proud Mom of a 2020 Senior*". Nunca pensé que esta frase llegase a tener tanto significado para mí. Aquella mañana que me la puse y estuve presente en su entrada como graduando, tenía un taco en la garganta casi todo el tiempo, unas ganas de llorar de emoción y de alegría viendo a mi hijo menor ya en su última etapa de escuela. Ahora, después de esto, esa frase cobra un nivel mayor no solo de apreciación sino también de admiración.

Yo le doy las gracias a Dios, por haberme escogido como vehículo para bajar una de estas almas tan especiales. Doy gracias por todas estas experiencias maravillosas que he vivido junto a mi hijo menor. Quien tiene un hijo de clase *Senior* 2020 sabe a lo que me refiero. Ellos tienen una manera de hablarte y de ver la vida que de verdad te reta como padre o como madre.

Dios los bendiga, qué cada uno cumpla con su misión de vida, siendo hombres y mujeres llenos de Luz Divina. Qué lleven a nuestro planeta hacia un cambio lleno de amor y de verdad.

"*I am a Proud Mom of a 2020 Senior*".

# DE AQUÍ Y DE ALLÁ

## *No voy a lavar calzoncillos*

Es todo un reto ser mujer en este siglo 21, ¿no les parece? ¿Has observado que muchas mujeres estamos "solas" en este mundo? Somos muchas las divorciadas o viudas y que nos quedamos solteras por muchos años. Incluso, algunas no se vuelven a casar porque deciden que no quieren lavar calzoncillos.

La fuerza laboral incluye muchas mujeres divorciadas y con hijos. Algunas son el solo sostén de la familia ya que sus exesposos ni siquiera tienen la responsabilidad de pasar la pensión a tiempo. O simplemente obligan así a la mujer a sacar de su valioso tiempo para ir a la corte una y otra vez.

¿Por qué esta odisea para la mujer? ¿Qué tenemos que aprender?

La Kabbalah nos enseña que todo tiene una razón. Esta tendencia de no querer lavar calzoncillos viene desde mediados del siglo 20. Incluso, hasta nuestros días ha llegado la idea de casarnos no tan "jóvenes". La carrera profesional ha cobrado importancia y el sentirnos autosuficientes es sin duda una prioridad.

Desde que existe el mundo, la mujer ha sido un pilar de su familia. Sin ella no hay hogar. Sin embargo, el género masculino no ha sabido apreciarlo. La mujer ha sido humillada y maltratada por milenios. Aunque parezca inconcebible, hay países que la denigran constantemente a haciendo que vivan "tapadas", ni los ojos se les puede ver. No sé ustedes, pero cuando veo estos "brutos" tratando así a la mujer, me pregunto si ellos se dan cuenta de que nacieron de una. ¿O es que piensan que nacieron de una mata de plátano?

Hemos sido esclavizadas en nuestra casa. Por muchos siglos se nos negó la educación, nos quedamos atrapadas en nuestros

hogares, que se convirtieron en nuestra propia cárcel. Y aquí es donde quiero llegar: la libertad.
En este mundo vemos la libertad desde el punto de vista material y físico. Aprendemos a través de la Kabbalah que esto es solo un espejo de lo que de verdad está pasando en los Cielos.
Entonces, estamos hablando de la libertad espiritual, salirnos del yugo de la dependencia material.
La mujer es por mucho más adelantada a nivel espiritual que el hombre (lo dice la Kabbalah con suma claridad). Por lo tanto, el Cielo nos pone en una posición privilegiada, aunque no lo parezca.
La Kabbalah nos dice que la mujer no tiene por qué venir a este mundo. La razón por la cual lo hace es para ayudar al hombre en su corrección. Sin embargo, vemos que no estamos con él.
¿Por qué? Porque nos toca ayudar al mundo en su proceso de cambio.
¿Cuál es el cambio? Un mundo mucho menos materialista y mucho más espiritual. Mientras estamos atareadas lavando calzoncillos se nos va el tiempo en complacer a toda una familia y no nos ocupamos de nuestra propia espiritualidad.

Dios nos está dando la libertad de encontrarnos a nosotras mismas y en el proceso nos encontramos con ÉL. Veremos nuestra alma cambiar, ya no seremos las mismas, las prioridades y los gustos cambian. Cuando vemos estamos enamoradas del nuevo Yo en el que nos hemos convertido. Entonces y solo entonces estaremos en la mejor posición de lavar calzoncillos otra vez. Claro, los del hombre que ve nuestro Ser.

Como hemos dicho anteriormente, somos energía y la mujer es una fuente alta de ella. Para que la oración del hombre cree un ángel que lleve la oración al Cielo se necesitan 10 de ellos orando al unísono (en hebreo se le llama *minian*). En cambio, a la mujer solo le basta estar consigo misma. Si cada una de nosotras decide a hacer su trabajo espiritual y realiza un esfuerzo genuino por ver la vida desde el aspecto de la energía Divina y establece de manera constante comunicación con Dios, el mundo dará una vuelta radical. El hombre comenzará a cambiar en el mundo entero, incluyendo los países manejados por los nacidos de una mata de plátano (¡Qué insulto para el plátano!)

¿Ves nuestra importancia? Todas las que estamos solas es porque en un momento de nuestras vidas fuimos valientes y dijimos: "¡Basta ya! Yo quiero lo que es mejor para mí". Pero es que para la mujer nunca ha habido un "mí". Su función siempre ha sido y será la humanidad. Y parecería que nos quitamos un yugo para entrar en otro, pero nada más lejos de la realidad. Entramos a la libertad espiritual, primero conseguida para nosotras mismas y luego con oleadas de energía, enviadas al mundo entero.

¿Lo comprendes? Nuestra misión siempre ha sido mejorar nuestro entorno, solo que antes lo hacíamos dentro de un hogar que en muchas ocasiones resultaba en detrimento para nosotras mismas. Ahora nos toca la misma misión, pero desde una posición mucho más limpia. Nos toca entrar en nosotras mismas para así cambiar el mundo entero y no solo nuestro entorno familiar.

Después de todo, no querer lavar calzoncillos tiene una razón espiritual.

¿Qué dices? ¿Te apuntas a ser una guerrera de Luz? ¡Yo voy a ti!

## *El mejor amigo del ser humano*

Hace poco vi por Facebook una noticia con su respectiva foto sobre un albergue de perros que se vació pues todos fueron adoptados. Esto ocurre durante el confinamiento del Coronavirus. No es para menos, el aislamiento tocó las emociones y la salud mental de muchos. No cabe duda de que tener un animal con nosotros es terapéutico.
Profundicemos un poquito más. Los animales domésticos tocan una fibra en nosotros: el amor. Son como niños pequeños que hay que atender. Uno se convierte en la persona más importante para ellos. Entonces, estamos creando una bendición para un animal porque nuestra alma es dadora. A eso vino a este mundo, a dar y a compartir con los semejantes. Sucede que a veces nos sentimos más cómodos ejerciendo el amor con ellos que con un ser humano.

Hace varios años, en mi tiempo como publicista, tuve un compañero de trabajo que era muy agradable. Un día íbamos a ver a un cliente y comentó que no tenía ningún amigo y que tampoco le interesaba. Lo único que él amaba y en quien confiaba era en su perro. Cuando dijo esto yo por poco infarto. ¡En serio, no lo podía creer! Él vivía solo y su único amor era su perro. Esto es muy triste, pero luego con el pasar de los años conocí a otras personas en la misma situación.

Esta forma de comportarse, dándole primacía al animal versus al prójimo, no es correcta. Un animal, por más lindo y bello que sea sigue siendo un animal. Tu semejante eres tú, recuerda que somos Una sola alma.
El ser humano fue el último en ser creado y tenemos en nosotros la totalidad del universo. Somos cocreadores con Dios, el animal no tiene esta conciencia divina.

Te propongo que logres un equilibrio, compón tu vida con animales y naturaleza. Además, busca un buen amigo y verás como este equilibrio te beneficiará para sumar más bendiciones en tu vida y en todo tu entorno.

DE AQUÍ Y DE ALLÁ

*El día en que a la humanidad le taparon la boca*

Esta experiencia de vivir el Covid-19 es algo surreal. A todos nos han tapado la boca. No hay forma de entrar ningún lugar si no tienes una mascarilla puesta. Pero, ¿por qué? La razón física la sabemos, evitamos el contagiarnos. Sin embargo, todo tiene su contraparte espiritual.

La Kabbalah nos enseña que todo ser humano es cocreador con Dios. Tenemos dos formas de crear: a través del órgano sexual y de la boca. Con el órgano sexual creamos a otro ser humano; con la boca creamos energías, que si deseas podemos llamar ángeles.

¡Wao! Por la boca estamos creando todo el tiempo. En ella misma están las dos energías (es hermafrodita). La lengua es femenina, los dientes son masculinos, la garganta y la tráquea son femeninas, entonces es capaz de crear.
Y esto es un regalo maravilloso si lo sabemos utilizar. La situación es que nos taparon la boca porque no la sabemos utilizar para buenos fines. A través de ella dañamos a nuestro prójimo, a nuestro planeta y a nosotros mismos.

Debemos comprender que somos energía, todo lo que decimos se convierte en energía. A través de lo que verbalizamos creamos unos ángeles que luego vivirán de la energía que utilizamos para crearlos. ¿Cómo es eso? Te doy un ejemplo: Cuando dices chismes de una persona, creas un ángel o una energía de chisme. Para que pueda sobrevivir, te motivará que sigas hablando lo mismo una y otra vez. Sin darte cuenta, siempre estarás conversando sobre lo mismo. Y así es con todo lo demás. Otro ejemplo: digo una mentira, creo un ángel de mentiras. Para subsistir me incita a seguir mintiendo y así creo más ángeles y más mentiras hablo.
De igual forma, cuando decimos cosas que son vanas o inconsecuentes, así son los ángeles que creamos. Cuando vemos, nuestra vida no nos muestra nada que sea verdadero

para nosotros. Claro, hemos perdido nuestra palabra en cosas vanales. Lo vano crea lo vano.
Sin percatarnos, estamos hundidos en un mar de energía negativa que nos enferma, que daña nuestra vida, nuestro ambiente y nuestro mundo. Todo se multiplica en miedo y dudas.
De aquí aprendemos que hablar por hablar no es correcto. ¡Ojo con esto!
Ahora bien, lo mismo es lo contrario. Cuando hablamos cosas de amor, creamos ángeles de amor que nos hacen seguir hablando de este modo. Cuando mostramos palabras misericordiosas, seguimos en la misericordia; cuando nos expresamos con empatía, esta nos sigue.

Te pregunto, ¿cuántas veces hablas de amor con tus hijos, con tu pareja o con tus semejantes? ¿Cuántas veces tienes palabras de bien? Observa esto: Si pronuncias palabras de amor con tus hijos, ese ángel que has creado se encargará de que siga habiendo amor. Igual ocurre con tu pareja, con tus compañeros y con tus amistades. ¡Todo se te multiplica en amor!

Dos consejos:
El primero: ¿Quieres que el amor entre tu pareja o tus hijos crezca? ¡Háblales de amor! Diles lo mucho que los amas constantemente. Verás que luego de un tiempo el amor habrá crecido mucho.
El segundo: ¿Quieres conocer el alma de alguien? Observa su tono de voz y sus palabras, si son vanas o sabias. Esto denota su tipo de alma.

Es importante hacer notar el "maldecir". La persona que se pasa maldiciendo debe corregir este defecto. No solo maldices tu vida sino la de todo tu entorno. Como somos energía y esta viaja, ¡también maldice a toda la población! (Recuerda: somos una sola alma).

Por esto y por muchas cosas más es que estoy enamorada de la sabiduría de la Kabbalah. Empiezas por aprender a conocer los mundos de Dios. Estos son tan fascinantes que ya luego no puedes parar. Todo tu hablar y toda tu acción se mueve dentro de ese amor. Entonces empiezas a crear ángeles increíbles, grandes y maravillosos, que te ayudan a cambiar todo tu entorno para la mayor bendición. Imagina solo hablar sobre la sabiduría de Dios. Cuando entras en ese nivel, llega un regalo maravilloso: la Paz.

No lo pienses más. Te invito a que comiences tu cambio. Hazte consciente de tu hablar, toma responsabilidad por ti, tu entorno, tu país y haz del mundo uno mejor.

# DE AQUÍ Y DE ALLÁ

## *¡Cuánto dinero tienen!*

Es increíble lo mucho que han proliferado las películas de narcotráfico, tanto de personajes verídicos como ficticios. Pero aun estos últimos tienen mucha realidad. Se nos muestra un mundo que para muchos es inconcebible, de muerte, traición, intrigas y mentiras. Sobre todo, nos presentan su deseo de poder.
Ver ese anhelo es algo fascinante, porque es lo que les permite ganar cantidades superlativas de dinero. Sin embargo, observa que el dinero es solo una consecuencia del poder, que termina siendo el protagonista.

¿Qué es el poder? Esta palabra se utiliza para describir la facultad, la habilidad, la capacidad o la autorización para llevar a cabo una determinada acción. El **poder** también implica poseer mayor fortaleza corporal e intelectual en relación con otro individuo y superarlo en una lucha física o en una discusión.

Así las cosas, el poder es un nivel de deseo superlativo. Esto por sí mismo no es negativo, pero todo dependerá de lo que llena tu deseo o tu alma.
Los personajes del narcotráfico no se caracterizan por su espiritualidad. Como su alma no es trabajada, todo lo que desean es lo que su cuerpo le pide: lujo, honores y mucho dinero.
¿Has observado las cantidades astronómicas de dinero que tienen? Es ridículo, tienen tanto que hasta lo guardan en *bunkers*. Y todo para qué, si viven escondiéndose, algunas veces en lugares en los que no hay lujo. Tampoco viajan el mundo ni vacacionan como pudieran. En otras palabras, son felices con solo acumular el dinero. Ni siquiera se retiran para vivir de su fortuna.
Es todo el deseo por obtener más y más. Esta es la forma de las energías de Oscuridad, siempre te incitan a tener más y nunca es suficiente.

Y todo ese dinero, ¿sabes de dónde sale? En el plano físico vemos que de la venta de la droga. Pero, ¿para qué es la droga? Para salirnos de la realidad. Entonces ese dinero que acumulan, espiritualmente hablando, sale de quienes no hacen su trabajo espiritual.

Verás, todos vinimos a este mundo para aprender a trabajar con nuestra alma y lograr que la misma domine la inteligencia del cuerpo, convirtiéndolo en su servidor. Para lograrlo, el Cielo nos asigna una cantidad de dinero para poder vivir y así poder dedicar tiempo al estudio de los Secretos del Cielo. Pero como no lo hacemos, el dinero -al ser una energía no utilizada- los del narcotráfico lo toman a manos llenas. Recuerda, ninguna energía desaparece.

Ahora, imagina que una persona se dedique a su trabajo espiritual. Todo ese dinero llegaría a su destinatario original, lo que lograría que cada uno estuviera económicamente estable. Dios es un Rey perfecto. Somos nosotros los que nos complicamos aquí abajo y hacemos bloqueos que impiden nuestras bendiciones.

Por otro lado, el poder en sí mismo no tiene por qué ser negativo. De hecho, sería genial si lo convirtiéramos hacia el lado positivo, con un deseo enorme de hacer el bien hacia los demás, de lograr una mejor vida para toda tu comunidad, país o el mundo. Y de paso, el dinero no nos faltaría.

Entonces como observarás, la carencia de dinero no es otra cosa que la falta de hacer nuestro trabajo espiritual. Si lo hiciéramos, no habría déficit económicos ni bancarrotas, tampoco estaríamos apurados a fin de mes para pagar las cuentas.
 Y el narcotráfico no nos lo robaría, porque para empezar ya no tendrían quién les compre.

# DE AQUÍ Y DE ALLÁ

*Ama al prójimo como a ti mismo".*
*Fácil decirlo, ¡difícil hacerlo!*

Sin duda hemos escuchado esta premisa en innumerables ocasiones. Incluso, hemos pensado que lo llevamos a cabo. Sin embargo, esto no es así y la prueba la vemos hoy día en cómo vivimos tan enajenados los unos de los otros, de una forma totalmente egoísta. Para lograr vivir según este sabio consejo tenemos tres grandes obstáculos, veamos:

**No sabemos que somos una sola alma -** El cuerpo nos da la sensación de separación entre unos y otros. Diferentes razas, culturas, sociedades, costumbres, riqueza, pobreza, etcétera. Se nos olvida que estamos compuestos de dos inteligencias: la del cuerpo y la del alma. Esta última es nuestra verdadera realidad, lo que en realidad somos. ¿Cómo lo sabemos? Porque el cuerpo muere cuando el alma sale de él y se descompone, dejando de existir para siempre. Entonces vemos que el alma sigue existiendo por siempre porque es energía, la inteligencia suprema, ya que es la que da vida al cuerpo. La situación es que vivimos ignorándola por completo. Por eso entramos en una vida egoísta que la propicia el cuerpo.
El egoísmo por naturaleza y definición es excluyente, nos separa de los demás. La raíz del alma es la unidad.

El alma es una energía que proviene de una dimensión muy alta en la que no existe la separación entre el bien y el mal. Es un lugar solo de amor, plenitud y misericordia. El nombre original de nuestra alma es Adán. Cuando fuimos creados como una sola entidad le dijimos al Creador que queríamos dar y compartir, así como Él lo hacía con nosotros. Entonces, Dios nos dijo que íbamos a compartir los unos con los otros e hizo estallar nuestra alma en chispas para que así pudiéramos dar y compartir. Como ves, somos Uno.

Veamos un ejemplo del diario vivir. Precisamente hoy estando sentada junto a mi hermano en el balcón, vimos cómo tres conductores desde sus vehículos le tocaron bocina a un anciano que andaba en bicicleta. Analicemos este suceso: Tenemos un total de cuatro personas, una en cada vehículo que decidió tocar bocina y la otra en bicicleta, que es a quien le tocan bocina. ¿Por qué los tres conductores decidieron tocar bocina? Porque cada uno, desde su punto egoísta, sentía que tenía derecho a la vía de forma inmediata. En ningún momento se nos ocurrió pensar que el ciclista tenía también el derecho de paso.

El egoísmo nos hace pensar que nosotros somos merecedores de algo poniéndonos así por encima de otro de manera automática.

¿Cómo puedo ver que somos Uno? La idea del uno es muy simple y a la vez nos vuela la cabeza. Tu y yo somos el anciano de la bicicleta, en realidad te estás tocando bocina a ti mismo. El resultado, ¿cuál fue? Un desequilibrio porque la persona en la bicicleta se sintió mal y los otros se adjudicaron un sentimiento de "yo soy superior". Pero, como nosotros somos el anciano de la bicicleta. Llegará el momento en que haremos sentir mal a otro y así perpetuamos un círculo vicioso.

**No nos amamos a nosotros mismos** - Es claro, bajo el ejemplo que acabo de dar, que no nos amamos porque yo misma en el cuerpo de otra persona me hago daño. Pero, analicémoslo desde la perspectiva de nuestro propio cuerpo. Nuestras emociones egoístas nos hacen sentir que somos víctimas de los demás. Ya estamos aprendiendo que esto no es así. Por el contrario, somos responsables de toda nuestra vida, cada segundo de ella.

Entonces, dentro de ese sentimiento de desfortunio y de abandono el cuerpo nos pide que nos llenemos con algo. Por lo general, es alcohol, drogas o alimentos que dañan nuestro cuerpo. Nos volcamos a cualquier adicción como si nos estuviéramos suicidando.

La situación radica en que mientras tú no eres capaz de amarte a ti mismo, entonces resulta difícil que puedas amar a otra persona. El amor que sentirás hacia otro será condicionado dentro del mismo egoísmo que te ata y te mantiene esclavo. Eso no es amor, recuerda que por definición el amor no es egoísta. Verás: uno solo es capaz de dar lo que ya tiene. Si no lo tienes, no lo puedes dar. Ahora podrás entender por qué amarnos a nosotros mismos es tan importante. Si no empiezo por ayudarme a mí mismo, ¿cómo voy a ayudar a otro?

**No conocemos la fuente del amor -** Es un error pensar que *somos una parte* de Dios, porque ÉL no está dividido en partes. Es un entero, una unidad. Por lo tanto, somos una **extensión**, una **emanación** de su conciencia. Dios es nuestra raíz y la fuente de todo amor. De hecho, la kabbalah nos enseña que cuando amo a una persona es porque ÉL la ama *a través de mí*. Esto es importante ya que significa que no soy quien origina el sentimiento de amor. Por otro lado, si soy una emanación o extensión de ÉL se entiende que tenemos la llama del amor en nuestro ser.

¿Entonces, porque no amamos al prójimo? Porque a pesar de que esa llama siempre está encendida en nuestro corazón, a veces esta casi extinguida. Su luz es tan baja que no sentimos su iluminación. Para avivarla hace falta conocer a su dueño, a Dios. ¿Cómo? Estudiando los Secretos del Cielo, no hay de otra.

Viendo todo esto de una forma un poco más profunda, nos damos cuenta de que nuestro semejante no solo somos nosotros mismos, sino también cada uno de nosotros es una emanación de Dios. Por lo tanto, cuando trato mal a mi prójimo estoy dañándome a mí mismo desde niveles muy profundos de mi alma. Esto como consecuencia, traerá graves conflictos a nuestra vida.

Hay un meme que dice algo así como: "Yo quiero amar al prójimo, el problema es el prójimo". No hay duda de que hay personas que nos lo hacen muy difícil, esto es parte de nuestro *tikun* (corrección). Sin embargo, debemos aprender a alejarnos de las que solo buscan el conflicto y la guerra. Debemos entender que todos nosotros somos antenas parabólicas espirituales que recibimos del cosmos todo pensamiento de ideas negativas. En otras palabras, todos tenemos nuestro propio Satán con quien trabajar. Entonces, no juzgues a estas personas sumamente conflictivas. Ellas, al igual que nosotros, estamos en nuestro propio camino espiritual. Con alejarte de ellas ya tienes. No les envíes maldad porque volveríamos a lo mismo te estarías echando la maldad.

Vemos que amar a nuestro prójimo requiere de esfuerzo y estudio. Así avivaremos la llama de amor en nuestro corazón y seremos capaces de amar desinteresadamente. Recuerda siempre buscar la unión y la paz entre tus semejantes. ¡Nunca la discordia!

Ama a tu prójimo como a ti mismo. Parece difícil, pero realmente no lo es. El prójimo eres tú y tú eres una emanación de Dios. Cuando estés frente a tu semejante trátalo siempre como quieres ser tratado. Por correspondencia Divina, tu vida cambiará para bien porque te estás tratando bien.

# DE AQUÍ Y DE ALLÁ

## *Simple, solo aprecia*

Desde chiquitos nos enseñan a dar las gracias. Eso está muy bien, porque nos muestra a ser agradecidos. El problema es que a veces las damos en automático, sin sentir realmente la emoción. Vemos el dar las gracias como algo socialmente correcto, pero no lo asociamos con algo espiritual.
¿Cuál sería la conciencia de las "gracias" al nivel espiritual? El aprecio, que es la valoración que hacemos o sentimos por una persona o cosa. Entonces, este aprecio entra en todos los niveles de nuestra existencia. Por ejemplo, apreciar nuestro hogar, trabajo, pareja, padres, amigos, maestros, hijos y compañeros de trabajo; apreciar tanto lo que amo como al enemigo.

¿Por qué el aprecio es tan importante? Es la puerta de la gratitud, la que te abre los caminos de dicha y bendición. Si el aprecio no existiera, entonces la puerta de la gratitud no se abre y sucede que los caminos se empiezan a cerrar. ¿Cuáles? Los que no apreciaste.

¿Recuerdas cuándo fue la última vez que le perdiste el aprecio a algo o alguien? Si te fijas, no pasó mucho tiempo después que ese alguien o algo se fuera de tu vida.
El Cielo toma el mandato enseguida. No se aprecia, entonces se va. El Cielo no mantiene lo que no es apreciado. ¿Por qué? Como es arriba es abajo, si aquí abajo yo no aprecio algo o alguien, arriba sucede lo mismo. Como consecuencia, se rompe el vínculo.
¿Por qué el Cielo actúa de esta manera?
Observa esto: Todas nuestras situaciones de vida vienen por una razón, (recuerda, la palabra 'casualidad' no debe existir en el diccionario) todo sucede para nuestra corrección de vida. Cuando no aprecio mis situaciones le estoy diciendo al Cielo: "Estas incorrecto, esto no es lo que yo merezco". Esto le deja saber que no tienes certeza en Dios y, por lo tanto, te enviarán

unas pruebas más fuertes que te harán buscar a Dios. Y lo llegarás a conocer, pero por la vía del dolor.
Si por el contrario, aprecias y agradeces con toda tu conciencia y emoción la situación que tienes, entonces el Cielo escucha: "Gracias por todo lo que me das, yo sé que es perfecto para mí". Esto le deja saber que tu conexión con Dios es grande y, por lo tanto, no necesitas mayores pruebas ni dolor para conocerlo. Entonces, el Cielo no solamente mantiene los caminos abiertos, sino que te da mayores bendiciones.
Si sientes que estás perdiendo el aprecio por alguien o por algo, imagínate que desapareciera. ¿Cómo te sentirías? Esa emoción de tristeza te hará ganar el aprecio de nuevo.

Hay una vertiente muy interesante en el aspecto del aprecio que surge cuando estamos enfermos. El aprecio de la enfermedad es una herramienta poderosísima para la curación. Cuando le damos gracias a Dios por la dolencia que tenemos (no importa su magnitud) le estamos diciendo:" Gracias por este padecimiento que me aqueja. Sé que todo lo que haces es perfecto y esto era justo lo que necesitaba para llegar más cerca de ti y empezarle a dar alimento a mi alma". El resultado es tu cura.

Dicha desde nuestra conciencia y emociones profundas, la palabra "gracias" es como un tren de alta potencia, que sube por los cielos sin interrupción (esto es que ningún ángel ni de luz ni de oscuridad lo detiene). Llega y se posa frente al Creador, quien las recibe y te las devuelve con toda Su Energía Divina, que incluye la curación.

Parecería contradictorio dar las gracias por una enfermedad. Sin embargo, así es. Sucede que en este mundo todo se ve al revés de como en verdad es. Esto es debido al nivel alto de incidencia negativa que permitimos suceda a nuestro alrededor. Las energías negativas nos imponen los cinco sentidos del cuerpo y estos nos nublan los suprasentidos del alma.

## DE AQUÍ Y DE ALLÁ

Haz un ejercicio de introspección y busca eso que no aprecias y comienza a apreciarlo. Con esto lograrás ser proactivo en tu trabajo espiritual y lograras crecimiento sin sufrimiento.

DE AQUÍ Y DE ALLÁ

*"¡Ay bendito, qué complicado es todo!"*

¡Qué mucho he oído esa frase y cuántas veces la he dicho! La decimos tanto que nos la creemos. Pero, ¿qué estoy diciendo? ¿Acaso la vida no es complicada? En realidad, no.

Analicemos un poquito: El Creador nos dio a escoger dos caminos básicos: el amor y el miedo, que en nuestro mundo se visualizan como el bien y el mal. Sin embargo, saber qué es correcto y qué no, es muy confuso. Muchas veces no sabemos separar el bien del mal. La inteligencia de nuestro cuerpo domina la inteligencia del alma y cuando esto pasa el mal se mezcla con el bien. Por ende, nuestras decisiones terminan siendo un "arroz con habichuelas", siendo difícil separar ambos granos.

Luego vemos cómo nuestras decisiones resultaron erróneas y se nos complica la vida con una serie de sucesos que vienen uno detrás del otro. Parecería están aislados, pero en realidad no es así porque todo comenzó en un momento en particular.

Hay un planteamiento básico: todo tiene un comienzo, ya sea el amor o el miedo. Por ejemplo, estoy frente a un momento en el que tengo que decidir, el cual puede presentarse de muchas formas:

¿Tengo sexo con ese hombre o mujer casados?
¿Daño la reputación de mi compañero de trabajo y así aseguro mi posición laboral?
¿Debo robar solo por un tiempo en lo que mejora mi situación económica?
¿Debo tratar de convencer a la gente de mi religión o posición política?
¿Tengo derecho de hablar de mi amigo aun cuando yo no lo vi con mis propios ojos?
¿Puedo confiar en lo que mis ojos vieron?
Y así un sinfín de situaciones.

Lo que decidamos aquí es crucial, ya sea amor o miedo. Según los ejemplos de arriba, ¿qué sería decidir en amor? Veamos:
*Ese hombre o mujer pertenece a alguien más y no voy a hacer sufrir a otra persona. Entonces, ni siquiera entro en ese tipo de relación.
*Dañar a otro es dañarme yo. Por otro lado, mi trabajo no depende de nadie, solo del Cielo y de mi propio esfuerzo.
*Robar contamina al dueño de mi empresa. Como él y yo somos una sola alma, dañar su trabajo es atentar contra mi propio trabajo.
*Tratar de convencerte de algo es plenamente egoísta. Cada cual está en su camino espiritual ideología política perfectos.
*Hablar de alguien es falta de empatía. Cada cual hace lo que siente que debe hacer.
*Sin duda, no puedo confiar en mis ojos ya que me lleva a emociones que pueden ser egoístas. Incluso, está probado que un mismo suceso es visto de manera diferente por cada quien.

Si observas, ¿qué tienen en común todas estas respuestas? No nos metemos en la vida de los demás. Respetamos sus ideologías religiosas y políticas, así como todas y cada una de sus decisiones (del mismo modo que esperamos que nos respeten las nuestras). No hay deseo alguno de hacer daño o de herir los sentimientos a otra persona. Todo el tiempo trabajamos desde el amor. Cuando nuestras decisiones son basadas en poner en alto al prójimo, las consecuencias de nuestros actos serán limpias y libres de todo caos. De hecho, nuestro entorno se convierte en uno de paz porque la creamos dentro de nosotros mismos al no tener conflicto con nadie.

Distinto es el otro camino, cuando elegimos el miedo ¿Cuáles serían las contestaciones? Veamos:
*La vida es una y "YO quiero" a esa persona. Además, su pareja nunca se va a enterar.
*Mi trabajo es importante, no lo puedo perder. Primero YO que él.

*Robar es la única salida. Después de todo el fin justifica los medios.
*Quiero convencerte porque YO soy quien tiene la razón. En realidad, tu opinión no me importa.
*Y porque no voy a juzgar, si YO tengo el derecho de decir lo que pienso de cada quien.
*YO lo vi con mis propios ojos, a mí nadie me engaña.
¿Qué es lo común de todas estas contestaciones? El YO. Las energías del miedo nos hacen pensar que todo el tiempo tenemos que estar defendiéndonos, que nuestro prójimo es menos que nosotros porque de alguna manera somos superiores. Siempre que estamos pendientes a nosotros mismos de manera egoísta entramos en el camino del miedo. Ahí está el problema, una vez tomamos esa ruta, todo se sigue complicando porque, así como el bien busca el bien, el mal busca el mal.

Lo increíble es que siempre sabemos cuál es el camino correcto, pero nos queremos convencer de lo contrario. Me da mucha gracia porque tanto en las películas como en la vida real todos los malvados, los adúlteros o los asesinos siempre temen ser apresados o cogidos en sus mentiras. ¿Alguna vez te has preguntado por qué temen? Porque los caminos de la mentira pueden dar una gratificación inmediata ya que resuelven las urgencias del cuerpo. Incluso, la persona que mata, muchas veces es porque siente una sensación de superioridad. Temen ser atrapados en sus acciones o en sus mentiras porque por dentro están muy claros en que lo que hacen daña a su prójimo.

Entonces, es claro como el agua: el camino del amor es muy sencillo. Ocúpate de tu propio trabajo espiritual, trata en amor a todo el que llegue a ti, respeta sus ideales, creencias, trabajo y existencia. Verás cómo la vida deja de ser tan complicada.

## ¡Pero, qué obsesión!

Me imagino que alguna vez alguien te ha dicho lo obsesiva que estás. Esa idea no se nos va de la cabeza. Nos pasa a todos en algún momento de nuestras vidas.

La obsesión puede verse de muchas formas. Por lo general con una connotación negativa de enfocarnos en algo que no parece estar resultando gratificante, sino que más bien nos lleva por un camino de amargura. Esta parte física la conocemos, así que vamos a enfocarnos en la que nos interesa: la espiritual.
Ya hemos visto que las energías de oscuridad tienen una manera peculiar de trabajar. Nos muestran aquello que tenemos que trabajar en nosotros mismos. La obsesión es "una idea repetida en nuestra cabeza que no se va". Así que eso que nos obsesa es lo que tenemos que corregir.

He tenido clientes que vienen con pensamientos obsesivos, especialmente en el área del amor. De hecho, es el área más común. Querer a como dé lugar estar con la persona que supuestamente amamos.
De ahí los llamados "amarres amorosos" que mucha gente promociona abiertamente en la calle. Aprovecho para aconsejarte que nunca te metas en eso. El "amarre" es tanto que uno se convierte en esclavo del otro. El poco amor que surge termina totalmente roto y luego no van a ver la hora de separarse. En otras palabras, vivirás una pesadilla.

¿Qué notas en esta situación? Un desbalance. Sentimos que amamos tanto, pero en realidad lo que está pasando es que nos amamos muy poco a nosotros mismos.

Aquí es donde radica la corrección: en amarnos a nosotros mismos y trabajar en nuestra autoestima. Y se convierte en una idea persistente porque es hora de hacerlo, no hay tiempo que esperar. Es como si el Cielo te estuviera diciendo: "Deseo que trabajes con tu amor propio, porque tengo para ti un gran amor. Pero si te amas tan poco no serás capaz de comenzar con el nuevo amor que te quiero regalar".

Como diría mi abuelita:" El tren se va sin yo adentro". Este es un concepto interesante. La Kabbalah nos enseña que el mejor momento para nuestra corrección es, precisamente, en el instante en que el Cielo nos lo muestra. Y es que ya no hay tiempo que perder, son muchas las reencarnaciones. Es hora de aprender las lecciones y movernos a una vida por mucho mejor.

Por otra parte, la obsesión nos habla de nuestra poca certeza del Cielo en nuestros sucesos. Fíjate cuando nos obsesionamos con alguien o con algo es porque le estamos diciendo a Dios: "Mi forma es mejor que la tuya". ¡Te imaginas! Decirle al Creador de todo lo que existe, la energía perfecta, que mi forma (yo que soy un granito en esta tierra y ni siquiera me veo en todo el espacio) es la mejor y la de ÉL no sirve. Esto es sin duda una falta de conocimiento de Dios.
Y es precisamente este pobre conocimiento de Dios lo que nos lleva a amarnos a nosotros mismos muy poco. Luego somos vasija fácil para recibir diferentes obsesiones porque nuestra alma está vacía de la energía de Dios. Estamos buscando de forma obsesionada llenarla con lo que pensamos es su equivalente en amor.

¿Quieres quitarte la obsesión por ese hombre o esa mujer? Comienza un trabajo espiritual activo, estudia los secretos del Cielo, la Kabbalah, el *Zohar*. Haz meditaciones con las letras hebreas y verás cómo un buen día sentirás tu cabeza liviana, porque ya esa idea obsesa se te habrá ido para siempre.

Entonces, podrás tomar el tren que te lleva al buen amor.

## *El mal de ojo, ¡sí existe!*

Recuerdo que cuando era pequeña se le compraba a los bebes una manita de azabache, la que se decía servía para evitar el mal de ojo. Aun tengo la mía guardada por algún lugar, era un alfiler que lo prendían a mi ropa.
Ahora de adulta sé que hay muchas personas que no creen en ello y la manita de azabache ya no se vende tanto. Estamos en un mundo lleno de tecnología y unas redes de Internet en las que exponemos nuestra vida entera a través de fotos. El mal de ojo parecería cosa del pasado. Sin embargo, nada más lejos de la realidad.

¿Qué es el mal de ojo? El diccionario lo define como" un maleficio que, según la superstición, transmite males con solo mirar de cierta manera". La Kabbalah nos enseña que cuando miramos de esta forma lo que hacemos es cortar el "hilo" que une a esa persona con el mundo espiritual, teniendo como referente eso que envidiamos. Deja de recibir la bendición, pero el que hizo el mal de ojo tampoco la obtiene. Por el contrario, se aleja más.
Tuve un maestro de Kabbalah que solía decir que el mal de ojo es el causante de la mayoría de muertes en este mundo. ¡Wao, de la mayoría de muertes! Es fuerte decir esto. ¿Cómo es posible? Sencillo: queremos tener más y mejor que el prójimo, pensamos que tenemos que ser superior a nuestro semejante. ¿Cuál es la raíz de esta superioridad? La ignorancia. No conocemos los procesos del Cielo, las reencarnaciones de cada quien, tampoco sus méritos. Esto nos lleva a la ignorancia suprema al desconocer que todo lo que tenemos viene del Cielo, que es perfecto. Por tanto, lo que tenemos es perfecto para nuestro proceso individual.

"La mayoría de muertes en este mundo". Es clara la razón. Hoy día con el Internet y los medios sociales publicamos lo que nos comemos y donde vacacionamos; fotos de los hijos, nietos y sobrinos, de donde vivimos, en la playa que estamos, así como los estados emocionales y hasta lo que no se tiene, pero se quiere aparentar. Vendemos a los demás un estilo de vida que a claras luces puede despertar la envidia de quien en ese momento no tiene los medios para conseguirlo.

¿Recuerdas las historias de piratas y tesoros escondidos? Nunca era fácil encontrarlos. Nunca eran visibles, siempre estaban dentro de un cofre. ¿Por qué los tesoros se esconden y hasta se guardan en un cofre? Porque son valiosos.

Ahora te pregunto, ¿tu vida es valiosa? Imagino que sí. Entonces, por qué la pones ante los ojos de tantas personas que no imaginas la agenda mental, emocional, espiritual que tienen. Esto propaga infinitamente el mal de ojo y luego te preguntas por qué algunas cosas te salen mal, te enfermas repentinamente o empiezas a pasar mal esas maravillosas vacaciones cuyas fotos comenzaste a publicar en las redes sociales.

Si preguntas si el amuleto del azabache funciona, la Kabbalah te dirá que no. La única forma de protegerte contra el mal de ojo es no haciendo la apertura. Me explico: mientras no hagas mal de ojo a otros, los demás no tendrán efecto contra ti porque no has hecho la apertura. El problema es que el 99.9 por ciento de nosotros lo hemos hecho, consciente o inconscientemente. Entonces surge la apertura.

¿Cuál es el remedio? Toma tu tiempo para hacer introspección y hazte consciente de tu deseo de cambiar. Háblalo con Dios y sé proactivo.

Hay un mal de ojo muy característico que es el mirar la pareja de alguien. Observa esto: cuando la mujer soltera pone su ojo en un hombre casado, eso trae para ella que no consiga el correcto y soltero ya que está poniendo su ojo en alguien que no le pertenece. Esta es la energía en la que se refugia, por eso notará que solo se le acercan hombres casados. Por otro lado, el hombre que se fija en una mujer casada es propenso a perder su dinero, ya que se está fijando en la mujer de otro. El sustento que era para él se le rebaja porque esa mujer ya tiene otro camino.

Hay otro aspecto y es el buen ojo. Es lo contrario al mal de ojo, desea solo el bien, se alegra de las vivencias de los demás. Este buen ojo no corta el suministro de bendición de quien admiras, también te llena. Esto es así porque inmediatamente entras en la energía de abundancia y prosperidad. Cuando tenemos mal de ojo entramos en una energía de carencia que solo nos trae privación, escasez y miseria.

Como ves el mal de ojo, ¡sí existe! La única manera de protegerte es no hacerlo hacia los demás. Tampoco alardees de lo que tienes. Hay un dicho que reza: "Dime de lo que alardeas y te diré que careces". ¡Esto es así de sencillo! No solo te expones frente a los demás, sino que también induces el mal de ojo hacia ti.

De hoy en adelante mira con amor, con alegría y con aprecio lo que tu vecino tiene o logra. Verás cómo ciertos aspectos de tu vida empezarán a fluir mucho mejor.

DE AQUÍ Y DE ALLÁ

## *El milagro del Covid-19 (Coronavirus)*

Al momento de escribir estas líneas ya han pasado poco más de tres meses de haber vivido en aislamiento y estar saliendo poco a poco a todas nuestras gestiones regulares. Puedo apreciar un gran milagro y es el crecimiento espiritual que he podido constatar entre mis clientes, estudiantes y conocidos.

Es curioso, este virus nos mandó a taparnos la boca y a quedarnos en casa. ¿Qué vamos a hacer con tanto tiempo en nuestras manos? Eso fue decisión de cada cual. Unos se dedicaron a comer y a beber, otros a ver televisión y a hacer manualidades. Algunos incluyeron ejercicios dentro de su rutina. Pero hubo los que se dedicaron a la introspección de sus vidas. Al hacerla se dieron cuenta de los cambios que querían, meditaron, vieron sus talentos y decidieron con firmeza: "quiero cambiar mi vida". Algunos tomaron cursos por Internet, se desarrollaron a nivel de conocimiento en las nuevas áreas, comenzaron a trabajarlo.

Todo esto es un cambio muy grande que por lo general en una persona puede tomar años. Sin embargo, el Coronavirus nos dio tiempo sin ruidos externos. Esa era estuvo cargada, por un lado, de energía de enfermedad; y por el otro -hacia el que lo quisiera tomar- de la energía Divina más grande y hermosa que he visto: el Cielo. Nuestro Creador le dio a las personas la oportunidad de materializar grandes cambios en una fracción de tiempo bien corto. Yo soy testigo de esto.

No hay manera de expresar mis gracias hacia el Creador por haberme permitido vivir y experimentar este gran milagro. Gracias a este virus muchas personas lo conocerán porque empezarán a vivir de acuerdo con la Creación, utilizando sus talentos a favor de la humanidad. Lograrán conocer la alegría y la paz verdadera, así mismo será su aporte hacia la población mundial, porque somos Uno. Por otro lado, se siente la pérdida de las almas que ya no están con nosotros, pero todo es una contabilidad perfecta del Cielo.

Estoy segura que a estos tiempos todavía le siguen otros más. Con la Certeza en el Cielo, todo es perfecto. Y sin temor nos dirigimos, todos juntos, a un nuevo mundo lleno de paz.

## ¡Wepa, me caso! ¡Hay boda!

¡Qué alegría! Una amiga me cuenta contenta que se va a casar. Yo me alegro muchísimo de que haya encontrado su compañero de vida. Y le hago una sola pregunta sobre el chico: "¿Cree en Dios o en una fuerza universal?". La respuesta fue "No".
Y me quedo por un momento procesando la contestación. Tengo frente a mí una mujer que sí cree en Dios; que sí cree en su trabajo espiritual; que a veces prende sus velas e inciensos. ¡Y se va a casar con una persona que no comparte nada de su vida espiritual!
Pero, no hay problema porque el chico le ha dejado saber que él no se mete en nada de esas cosas.
¿Te suena esta historia? Es seguro que la has vivido a través de alguna amiga, conocida o en carne propia.

Ya de entrada este matrimonio representa un reto pues solo será unido por la parte física del matrimonio. La espiritual no existirá. Podrán pasar muchos años -o tal vez ni llegue a pasar- que el chico cambie su manera de pensar. Mientras tanto ella o hará sola su espiritualidad como cuando era soltera o simplemente cederá ante su hombre y dejará de practicar lo que ahora ella cree.

¿Qué es lo que está mal aquí? Tú me dirás "la falta de espiritualidad". Pues en realidad no. Veras, la realidad es que no todos tenemos las mismas creencias. Unos creen en un Dios y otros en varios dioses. Incluso, hay quien no cree en nada. Simplemente salimos del mono por un chance del universo, así como piensa este chico. Entonces, tal vez lo importante para tener un matrimonio con oportunidad de éxito pueda ser escoger una persona que crea en lo mismo que tú. De esa forma lograran crecer juntos y llegar a nuevas conclusiones a través de la vida.

Sin embargo, alguien que está altamente comprometido con su camino espiritual debe ser muy, muy, cuidadoso con quien escoja para compartir su vida. Cada uno debe ayudar al otro a abrir sus alas de par en par y crecer juntos de manera infinita, sin techo. El secreto es que ambos tengan una misma visión y misión espiritual. Cuando esto sucede, entonces el lado físico se vuelve espectacular porque es el apoyo de lo espiritual y no al revés. Esta sinergia no ocurre cuando cada uno tiene una visión diferente del aspecto espiritual.

Entonces, si estás conociendo a alguien, hazle la pregunta: ¿En qué crees a nivel espiritual? No temas cuestionar, es tal vez la interrogante más importante. Un matrimonio, inevitablemente, consta de dos partes: la física y la espiritual. Aun cuando a ninguno le interese la parte espiritual, no significa que el matrimonio no conste de ella. Siempre existirá solo que no se trabajará, lo cual hace que sea un matrimonio cojo. "No está parado en sus dos piernas", cualquier cosa lo puede tumbar.

Por otro lado, casarse con una persona pensando en que la puedes hacer cambiar es una idea totalmente incorrecta. Te estás casando bajo premisas de ideas falsas. Los caminos espirituales pueden tomar años y a veces vidas enteras. En otras ocasiones, los cambios suceden después de grandes sucesos de fuerte conmoción o traumáticos en la persona. Entonces, no te cases esperando cambiar a nadie. Esta idea no te trae la felicidad.

Si resulta que ya estás en un matrimonio cojo, no te quites de tu camino espiritual. Por el contrario, sigue con fuerza. ¡Ojo!, no trates de convencerlo de nada. Haz tú solita lo que te toca. Lo demás, referente al chico, se lo dejas a Dios.

Si aun estas soltera o soltero, tómate tu tiempo para conocer a la persona. Haz las preguntas claves desde el principio de la relación, no esperes a enchularte para luego descubrir verdades que no sean de tu agrado.

Si nos vamos un poco más profundo, la Kabbalah nos muestra cómo el matrimonio es la copulación entre los mundos superiores y nuestro mundo. El mundo superior es la energía masculina, que se califica como dadora, y nuestro mundo físico es la energía femenina, que recibe. Entonces, un matrimonio que incluye ambas de manera activa:
dar y recibir / físico y espiritual = bendiciones en el mundo físico = bendiciones en tu matrimonio y el hogar que formes. Esto nos enseña la importancia tan grande que tiene un buen matrimonio y que, definitivamente, puede llegar a ser una gran bendición.

¡Te deseo un matrimonio exitoso y lleno de la energía de Dios!

## Separado, divorciado, viudo

¿Qué tienen en común estos tres estatus personales? Soledad, sin duda. Pero esta repentina soledad trae consigo unas emociones que nos llevan a un *tikun* (corrección). Es prácticamente inevitable que uno viva alguna de ellas.
La más común es la separación. Esta la podemos vivir no solamente estando dentro de un matrimonio, sino también en etapas de noviazgo. De hecho, son muchas las separaciones que podemos vivir antes de casarnos.

La separación, desde el nivel de la Kabbalah, ¿qué nos muestra, ¿cuál es su raíz? Es la falta de aprecio.
Nos separamos porque ya después de un tiempo de relación empezamos a ver los defectos en la otra persona. Vamos perdiendo el aprecio que le tenemos. Pero, como estudiamos, toda nuestra vida aquí abajo es un reflejo de los mundos superiores. Entonces, la verdadera falta de aprecio es con los regalos que el mundo superior me envía. Pienso que no son perfectos, así que pierdo el deseo de ellos.
¿Cuál sería la corrección dentro de una separación? Comprender que todo lo que el Cielo nos brinda es absolutamente perfecto para nosotros, para el proceso de nuestra alma individual. Veras, nosotros no somos solo esta vida, somos el cumulo de muchas vidas, tenemos incalculables reencarnaciones y la vida actual trae con ella el *tikun* que se debe. El Creador todo lo sabe, ÉL lleva la contabilidad perfecta. Pensar que ÉL no es perfecto, nos crea una gran inestabilidad, la que nos lleva a no apreciar lo que tenemos al lado.
Sin embargo, también vemos que la separación puede ser correcta cuando la misma se debe a que el *tikun* que había entre la pareja terminó. Esto es, que la razón que había para encontrarse y ser pareja ya se cumplió.
Pero, ¿cómo saber si el *tikun* está completo o todavía faltan vivencias? Cuando la pareja quiere regresar a estar juntos y así lo hacen, entonces todavía falta *tikun* por resolver. Cuando

alguno de la pareja quiere regresar y el otro no, es porque ya el *tikun* terminó.

Entonces, antes de separarte, hazte la pregunta: ¿Deseo separarme de mi pareja porque no la aprecio o por que siento que ya no tengo más que ofrecerle? Como puedes ver son dos visiones muy distintas. En la primera todavía hay asuntos que resolver, porque la falta de aprecio no es una buena consejera. Luego vas a sufrir muchísimo esa separación y ahí tendrás el dolor de una gran corrección (*tikun*).

No te sientas mal, si has sufrido mucho por las diferentes separaciones vividas, es parte de todo nuestro *tikun*, es en sí mismo perfecto para hacernos crecer. Observa como algunas veces, la oportunidad de regresar con esa misma pareja ha surgido y has decidido que no. Esa determinación muestra que ahora eres otra persona. Ya no eres el mismo, subió tu nivel de alma. ¡Felicidades!

Por otro lado, hay otro nivel de corrección aún más alto: el divorcio. Este es un *tikun* mayor, tanto así que la Kabbalah nos enseña que es uno de los preceptos que alguna vez se tiene que experimentar. Claro, si no sucede está genial, pero cuando es necesario hay que hacerlo.

¿Cuál es la raíz de un divorcio? Es una "fisura" entre la pareja. O sea, que algo se rompió entre ellos. Entonces la raíz es una fisura en los mundos superiores.

¿Qué la ocasiono? El comportamiento entre ellos.

¿Qué tipo de comportamiento? Pueden ser varias las razones. Sin embargo, las más fuertes son las mentiras, la infidelidad (en pensamiento y palabras), el adulterio y la desvalorización.

¿Cómo estos comportamientos hacen una fisura en los Cielos? Porque la pareja se debe de compenetrar de tal manera que sean uno solo. Esto es que sean cómplices el uno del otro, todos sus asuntos deben ser resueltos entre ellos y no involucrar a amigos, familiares ni otra gente extraña.

Analicemos: la mentira, ¿qué es? Crea un mundo ilusorio, porque es algo que no existe. El hombre o la mujer que miente a su cónyuge está creando una vida de pareja ilusoria, ya que las cosas no se están enfrentando. Todo es una apariencia que no es real. Si las mentiras se convierten en algo compulsivo, entonces estamos con una pareja a la que realmente no conocemos.

La infidelidad, ¿qué es? Fantasear con otro que no es nuestra pareja. Parecería inofensivo, después de todo no esta "la acción". Sin embargo, esto no es correcto porque ahí donde se encuentra nuestra conciencia ahí estamos nosotros. Somos conciencia. Ella es nuestra energía. Si pongo la energía de mi conciencia en otra persona que no es mi pareja, entonces, ¿qué energía le doy a mi relación de pareja? Ninguna. No la alimento, se muere por hambruna.

El adulterio, ¿qué es? Es el desenlace de la infidelidad, donde llevamos a cabo la acción deseada. Aquí llevamos energías ajenas a nuestra relación de pareja. El adúltero está tomando las cualidades, tanto buenas como malas, de la persona con la que está teniendo sexo y las está inyectando en su matrimonio. La pareja tendrá que trabajar sus propios *tikun* y en adición el de la tercera persona. El matrimonio se convierte en uno de tres.

Me he encontrado con casos en los que la persona que ha recibido la infidelidad y se siente lastimada quiere "darle por la cabeza" a su pareja haciendo lo mismo. Sin embargo, esto no es aconsejable ya que la pesadilla sería peor, metiendo más energía extraña al matrimonio = ego + ego = ego = nada se resuelve.

La pareja que vive el adulterio debe de ser sincera y ver con exactitud qué la motivo y arreglarlo, sacando a la tercera persona definitivamente de su matrimonio. Si ven que no ya no hay amor, deben primero resolver sus diferencias y luego tomar el divorcio. Debes saber que el divorcio en sí no arregla nada. En todo caso, los problemas que había son más difíciles de componer porque ahora están separados.

La desvalorización, ¿qué es? Es una falta de aprecio que se sale del límite, nada de lo que hace la pareja es valorado. Tanto para la mujer como para el hombre es algo que cala hondo. En la mujer por su energía de recibir y en el hombre por su lado de dar, se sienten incapaces de satisfacer a su pareja ya que nada de lo que se hace se valora. La pareja siente que ya no hay nada que aportar a la relación. Y no solo esto, sino que también afecta la autoestima. Si la de cada cual se lacera, la de la relación como un solo ser (una sola alma) también se lastima. Si no es saludable, entonces todas las decisiones serán hechas a base del ego, lo que terminará destruyendo a la pareja.

Los efectos de todas estas situaciones son peleas e insultos, distanciamiento, no hay paz en el hogar. El adulterio, en adición, trae problemas económicos al hogar.

Entonces, es fácil imaginar cómo se rompe la vasija que en un momento se construyó con amor. Así como el corazón de cada cónyuge se lastima, así mismo ocurre en los Cielos. Recuerda que todo está anotado. Por eso todas las separaciones causan un gran dolor, porque algo adentro de nosotros se rompió.

¿Cómo se puede componer algo que ya se rompió? Sin duda, trataras de pegarlo. Aun cuando se pega, se nota la huella por donde se quebró, no queda perfecto. Esto es porque la pega que utilizamos es hecha por el hombre y se compra en cualquier farmacia o ferretería. Ahora bien, existe una superpega que se consigue en los Cielos.
Me podrás decir: "El Cielo está bien lejos, ¿Cómo la consigo?". A través de tu conciencia. Une tu conciencia a Dios. ¿Cómo? Siendo similar a ÉL, imítalo. Llénate de conciencia de amor y empatía hacia tu prójimo. Sentirás cómo te curas hasta el punto de no dejar cicatrices. ¿No dejar cicatrices? Es correcto, sucederá en el futuro. Mirarás lo ocurrido y no encontrarás en ti ningún sentimiento de dolor.

Hay otro nivel de crecimiento espiritual que es tal vez el más doloroso de todos: la viudez. Esta corrección a veces llega sin avisar. Puede darse por una muerte repentina o a través de una larga enfermedad. En ambos casos la raíz espiritual es la misma: la necesidad del alma de hacer un brinco alto y fuerte a niveles espirituales más elevados.
Pudiera suceder que uno de los cónyuges ya está listo, o bien para recibir a su alma hermana o para un crecimiento espiritual. En ambos casos el cónyuge existente atrasa los cambios. Verás, nosotros venimos a este mundo a evolucionar. Todos los que llegan a nuestra vida vienen con el propósito de ayudarnos. En el caso del matrimonio es igual. En la mayoría de los casos no tenemos el mérito de casarnos con nuestra alma gemela. Si sucede ya estando casados, entonces pueden suceder una de tres cosas: el divorcio, el alma de nuestra alma hermana entra en nuestro cónyuge o el muere dejando el paso a que llegue la pareja gemela.

Esto te puede llevar a la siguiente pregunta ¿Cuál es la importancia de juntarnos con nuestra alma hermana? Es literalmente una parte de nuestra misma alma, entonces es una unión que nos lleva a nuestra última corrección, pero a través de una vida armoniosa. Todos los regalos o bendiciones del Cielo caen sobre esta pareja.
Ambos han tenido que pasar por grandes pruebas, especialmente el hombre que tiene que llegar a un alto nivel de conciencia en el que ya desea esta unión. Y el Cielo les da todo lo que necesitan para pasar con paz todas las vicisitudes de la vida.

También hay casos en los que la pareja que muere hizo un salto cuántico en su nivel espiritual. Justo en ese momento el Cielo se lo lleva para que esa alma pueda ser salvada antes de que vuelva a caer en su oscuridad. Como el camino es siempre de dos vías, el dolor de la pérdida lleva al viudo o la viuda a hacer cambios significativos en su vida que le otorgan gran crecimiento espiritual.

Es curioso pensar que esta corrección la vemos a menudo, no solo en personas jóvenes, sino más bien en los matrimonios de personas ya mayores.
Fíjate, en el edificio en donde vivo he visto cómo muchas vecinas han quedado viudas. Ellos mueren y ellas se quedan solas. He visto cómo todas han hecho sus vidas para mejor. Sigo diciendo que es curioso, porque la mayoría de los maridos fallecidos eran hombres arrogantes y orgullosos. Ahora ellas, que lo sobrevivieron, están viviendo en paz y plenitud. Logran sobrellevar la viudez muy bien. De hecho, algunas tienen más visitas de los hijos o se van a vivir a otros países. De verdad que comienzan una nueva vida. No hay duda de que Dios concede mucho tiempo al alma para que haga su *tikun*.

Y si sucede en una pareja joven, ¿cómo trabajarlo? Sin duda, parte del proceso es llorar, extrañar y molestarse hasta que un buen día eso cesa. Dentro del plano espiritual, esos mismos procesos son reales solo que incluimos una certeza: todo es para bien, todo es correcto y perfecto porque viene de Dios. Y decimos:" Entonces Dios, eleva mi conciencia, ya estoy lista; muéstrame el nuevo camino".

Dale un giro a tu vida, mirando siempre hacia el Cielo, los cambios son dentro de ti en tu conciencia y en tu alma. Entonces, y solo entonces, verás los cambios materiales y físicos que ocurrirán. El Cielo te los mostrara.

Como ves, todos pasamos por grandes correcciones a través del amor. Es parte de nosotros y de lo que aceptamos cuando venimos a este mundo. Somos seres de amor en un mundo corpóreo, viviendo correcciones de amor. Esto significa que todos estos sucesos nos permiten pasar del egoísmo al amor.

DE AQUÍ Y DE ALLÁ

## *Kabbalah para mí*

Kabbalah para mí se puede traducir como "Recibir para mí" ¿Qué recibo? Una Conciencia adicional. Lo primero que aprendí en mis estudios es que la Kabbalah es conciencia, Conciencia Divina.

¿Te digo un secreto? Toda la *Tora* eres tú, soy yo y somos todos, la llevamos en nuestra sangre y en nuestra alma, todos somos parte del Adán y de Eva. Todos tenemos nuestro Satán, que nos induce en las direcciones que representan una tentación. Todos somos parte de la confusión de las lenguas ya que vivimos en un mundo donde no hablamos el mismo idioma y en el que se mezcla la verdad con la mentira. Todos llevamos nuestro Egipto, que representa la esclavitud a la que nos somete el ego. Todos salimos al desierto a combatir, a purificarnos y a dejar atrás lo que nos esclavizaba. En la vida, como en el desierto, vivimos momentos difíciles y otros llenos de milagros. Luego, siempre llegamos a un momento de iluminación e inspiración divina, que es la entrega de la *Tora* en el Monte Sinaí, para luego volver a caer en las tentaciones de la vida que son nuestro Becerro de Oro. Y así reencarnamos en varias vidas, viviendo un desierto que parece no acabar. Hasta que por fin llegamos a la tierra que se nos prometió.

¿Cuál es la tierra prometida? Después de tanto andar nos damos cuenta de que esa tierra no es una física, sino totalmente espiritual. Para llegar allí tengo que "recibir para mi" el influjo divino que alimenta constantemente mi conciencia. Entonces mi conciencia conecta con nuestro Creador y este vínculo *es* nuestra tierra prometida. En este enlace logro toda mi alegría, bendición y paz.

Esta es conexión la que nos permite tener empatía y amor verdadero hacia el prójimo. Es la que nos permite reconocer el bien del mal (que muchas veces se mezcla siendo difícil de separar el uno del otro).

Todos tenemos esa conciencia, siempre está funcionando, solo que a veces no la notamos. Al no advertida, hacemos caso omiso de sus mensajes.

Todos caemos en algún sentido de culpa, en algún momento de nuestras vidas, porque sabemos lo que está bien y está mal. Pero no hacemos caso porque no alimentamos nuestra conciencia no "recibo para mí" la energía divina.

Ya son muchas reencarnaciones, ya son muchos los milenios, es hora de levantarnos como grupo de seres humanos amorosos y decir "¡ya basta!". ¡Quiero Vivir en Amor y en Paz! Y demostrarle al mundo que los buenos somos mayoría y los malvados son minoría. Empecemos a dirigir nuestro mundo con Amor y no con Miedo.

¿Cómo comenzar? Actúa según tu conciencia, en amor; sin dañar a tus hijos, tu pareja, tu familia, tus amigos, tus compañeros de trabajo y al que se te acerca. Recuerda que todos ellos eres tú. Somos energía. Así como obres en tu entorno, así moverás la energía hasta el otro extremo del mundo. El tiempo ya se acabó y hay que comprender que todos somos responsables por todos.

Mi abuelita decía que para discutir se necesitaban dos. Pues yo te propongo que *no* seas el segundo. El malvado querrá pelear, pero tú sabes mejor y haces caso a tu conciencia. Pon tu conciencia antes de cualquier contestación.

Te propongo una idea: qué tal si hacemos la Revolución del Amor. Solo haciendo amor con nuestro semejante, en Todo nuestro entorno, cero divisiones, cero racismos, cero transgresiones, cero mentiras, cero desuniones, cero guerras. ¡Y mucho dar y compartir!

¿Dónde acontece la Revolución del Amor? Se lleva a cabo en tu templo. Te cuento otro secreto de la Kabbalah: el templo nunca ha sido uno físico. Está dentro de cada uno de nosotros, es donde nuestra conciencia se hospeda. Entonces para que sea un éxito, tiene que comenzar en tu relación con el Cielo. Este hará las paredes de tu templo de forma tal que estés protegido en todo momento, nada temerás. Tendrás todas las fuerzas para llevar la Revolución del Amor, una revolución llena de paz.

Tu templo es tu relación con lo Divino, con Dios. ÉL es la raíz del Amor, entonces, si no construyes tu templo la Revolución del Amor no podría suceder.

Muchas veces nos llenamos de un sentimiento de altruismo y queremos hacer de este mundo uno mucho mejor. Sin embargo, el tiempo apacigua o elimina ese deseo. ¿Por qué se apaga? Porque aún el fuego necesita ser reavivado. Si no alimento mi conciencia, si no "recibo para mí" la Conciencia Divina, el amor altruista no puede sobrevivir.

¿Tengo las herramientas para hacer la Revolución del Amor? Sí, siempre han estado dentro de ti. Solo tienes que llenarte de deseo para lograr que tu entorno y el mundo que te rodea estén repleto de alegría, amor y paz.

¿Qué logrará la Revolución de Amor? Transforma la energía mundial de miedo en amor. Si cada persona se hace responsable de transformar su energía en amor, se transforma así mismo; luego a su entorno y así todas estas energías cubren el mundo. La rectificación de un solo ser humano modifica esa misma parte en el mundo entero. Esto significa que lograríamos una masa critica de personas que transformarían el miedo en amor. ¡Lograríamos un mundo de paz!

La Revolución del Amor es ya un hecho, ¿te montas en el tren? Ahí nos vemos.

## *Conclusión*

Como has podido observar, todos los sucesos en nuestras vidas están ligados con un aspecto espiritual. Ver la vida separada de este aspecto nos da una vida coja y falta de paz.

El otro día mi hijo menor me dijo: "Mamá, ser un buen ser humano es tan fácil. En verdad todo está en tu cabeza. Es tan fácil el amor". Me quedé mirándolo y le dije: "Tienes toda la razón". Me sigue diciendo: "¿Cómo el hombre aun no se da cuenta, en tantos milenios?" Yo le conteste: "Tienes toda la razón".

Veras, cuando la verdad es genuina no lleva mayores explicaciones, es sencilla. El amor es sencillo. Los tonos grises no existen, ellos son los del ego. Y el ego es una ilusión.

Todo está en nuestra cabeza, límpiala llenándola de pensamientos, palabras y acciones de amor.

Acciones de amor, ¡muévete!

Un abrazo de mi alma a tu alma
Recuerda, el conocimiento evita el sufrimiento
Mimi Rosenfeld

Si te gusto este libro, compártelo con otros y juntos hagamos nuestra Revolución del Amor.

Para preguntas y/o comentarios puedes escribirme a: kabbalahparami@gmail.com

Te invito a que entres a nuestro canal de Youtube "Kabbalah para mí". Allí podrás escuchar y aprender más sobre la Kabbalah. Si es de tu gusto dale *Like* y *Share*. Así también estaremos haciendo nuestra Revolución del Amor.

Tambien nos puedes encontrar en Facebook: Kabbalah para mí.

Tus donativos son importantes, nos ayudan a continuar en esta nuestra misión de llevar el conocimiento de Dios al mundo entero. Si deseas apoyarnos puedes enviarnos tu donativo por Paypal: kabbalahparami@gmail.com

¡Gracias!
Mimi Rosenfeld

# MIMI ROSENFELD

Considero que escribir sobre mí no es importante, porque solo soy un instrumento para llevar el conocimiento de Dios al mundo. El protagonismo y el honor de este libro recaen en mi Amante Cósmico, que te ama inmensamente, tanto que no lo podemos comprender.

Llevo 14 años sumergida en las aguas de los maestros de la Kabbalah. Es tanto el amor que se recibe de ellos que no queda otro deseo más que compartir la sabiduría con los demás. Y a eso me he dedicado realmente desde el día que tome mi primera clase hace tanto tiempo atrás. Fue tanta mi impresión que al otro día envié *emails* a varios conocidos sobre lo que estaba comenzando a aprender. Poco sabía yo que luego me dedicaría a enseñarla y que se convertiría en mi misión de vida. Hace 10 años que enseño la Kabbalah de modo presencial y hace a penas uno que comencé a hacerlo por Internet (YouTube: *Kabbalah para mí*). He tenido el privilegio de tal vez ser la primera kabalista a la quien le otorgan una sección fija en la televisión local para hablar sobre los secretos de la Kabbalah desde el punto de vista práctico en nuestra vida. Y ahora aquí estoy escribiendo nuestro primer libro: *De aquí y de allá*.
Conocer a Dios sí es posible. Es mi más grande deseo llevar su conocimiento para que toda persona pueda tener la oportunidad de conectar con ÉL de una manera profunda, real y verdadera.
Yo firmo este libro por cosas de este mundo. Pero en realidad la firma de autor es DIOS. Léelo y toma acción en tu vida, llénate de amor y límpiate de todo miedo. Toma acción con tus semejantes y haz de este mundo uno lleno de amor y paz.

Recuerda, el conocimiento evita el sufrimiento.
Un abrazo de mi alma a tu alma.
***Mimi Rosenfeld***
***Kabbalah para mí***

# DE AQUÍ Y DE ALLÁ

www.ingramcontent.com/pod-product-compliance
Lightning Source LLC
Chambersburg PA
CBHW051943160426
43198CB00013B/2278

*9780578764061*